FRANCE ET CHINE EN AFRIQUE CENTRALE

De la compétition à la coopération ?

Nathanaël T. Niambi

France et Chine en Afrique centrale

De la compétition à la coopération ?

Préface du Dr. Patrice Moundza

L'Harmattan

5-7, rue de l'École-Polytechnique ; 75005 Paris

http://www.librairieharmattan.com

ISBN: 978-2-343-18530-9
EAN: 9782343185309

Dédicace spéciale

Ce livre est entièrement dédié à mes parents qui ont cru en moi jusqu'au bout, M. NIAMBI André et Mme NIAMBI NKOUKA Marie-Adrienne, ainsi qu'à ma dulcinée, BOUASSI-MOMBO Dolorès Mercia. Mon succès est le vôtre pour toujours.

Remerciements

Je suis reconnaissant envers tous les enseignants de la *School of Politics and International Studies* à la *Central China Normal University* et à tous les chercheurs à travers le monde qui ont bien voulu m'orienter dans mon analyse. Particulièrement, je tiens à citer le Professeur Jean-Pierre Cabestan (Hong Kong Baptist University) ; le Docteur Yacouba Coulibaly et le Docteur Moundza Patrice (UMNG-Congo). À cette liste, j'ajouterai deux grandes femmes qui m'ont épaulé à leur manière depuis le début de la rédaction de ce livre. Louise et George, je vous remercie du fond du cœur. Enfin, à tous ceux qui ont contribué de près ou de loin à mon travail dans cette période tumultueuse de ma vie, les mots ne seront jamais suffisants pour vous témoigner ma profonde gratitude.

Dr Nathanaël T. NIAMBI

Sommaire

Dédicace spéciale *7*

Remerciements *9*

Préface *13*

1. Introduction *17*

2. Compétition et coopération entre la France et la Chine en Afrique centrale *35*

3. Faisabilité et challenges d'une transition complète en Afrique centrale *95*

4. Choix stratégiques pour l'Afrique centrale *119*

5. Conclusion *131*

Bibliographie *143*

Préface

Les relations sino-africaines se situent à mi-chemin entre développement, hégémonie, coopération et compétition au 21e siècle. Au-delà de ces caractéristiques, je reconnais avec objectivité que la République Populaire de Chine fait du bien à une Afrique qui apprend encore à se tenir sur ses deux pieds dans les rues du développement. Un apport important se traduisant surtout par le biais de l'économie. Toutefois, les investissements directs étrangers (IDE), l'aide au développement et l'enracinement chinois sur ce continent riche en ressources naturelles représentent également une épée de Damoclès qui ne dit pas son nom. Dans un espace où la mondialisation gagne du terrain chaque année, les enjeux sont multiples et variés. Les intérêts de l'empire du Milieu sont désormais confrontés de façon irrémédiable à ceux des puissances occidentales, mais aussi asiatiques. Une friction qui crée son lot de rivalités au nom d'une quête hégémonique se déroulant discrètement, mais sûrement sous nos yeux.

Au creux de cette nouvelle vague, le continent africain a désormais plus que besoin d'études de terrain, mais aussi théoriques comme celle du jeune chercheur congolais Nathanaël T. Niambi. Par une démarche qualitative, il expose clairement des faits qui mettent en exergue l'évolution des liens partagés par les anciens et les nouveaux partenaires du berceau de l'humanité. Le livre qu'il nous propose présente les deux variables que sont la compétition et la coopération. En suivant ces deux orientations, il aborde à la fois les relations bilatérales et trilatérales partagées par la France, la Chine et neuf pays de l'Afrique centrale : Gabon, Congo Brazzaville, Congo Kinshasa, Sao-Tomé-Et-Principe, Tchad, Guinée équatoriale, Angola, Cameroun et République Centrafricaine.

Je pense, sans me tromper, que l'intérêt de l'auteur a sûrement été suscité par le fameux partenariat en marchés tiers signé en 2015 entre la France et la Chine pour développer davantage la coopération internationale en Afrique. Certes, ce dernier semble passer presque inaperçu de nos jours, mais de nombreuses conférences ont été organisées et plusieurs articles écrits pour déterminer s'il se produisait réellement une transition franco-chinoise concernant la nature de leurs rapports. Si tel est le cas, pourquoi existe-t-il cette possibilité d'un passage de la compétition à la coopération entre ces deux acteurs en Afrique centrale ? Comment ces pays africains peuvent-ils se servir de ce type de collaboration pour se frayer un chemin hors de la pauvreté ? Pour traiter ces questions, l'auteur a utilisé trois méthodes de recherche, notamment une recherche documentaire, une approche comparative et un plan de recherche qualitative en suivant le modèle de John W. Cresswell. Après une lecture aisée et un enchaînement logique, il est facile de se rendre compte que son investigation est divisée en quatre étapes cruciales. Premièrement, il s'est attelé à prouver l'existence de la compétition et coopération internationales en Afrique centrale. Deuxièmement, il a comparé les 2 variables et les a confrontées. Troisièmement, il a interprété toutes les données économiques, géostratégiques, politiques, militaires, sanitaires, etc., à sa disposition. Et finalement, il a bâti une réflexion sur la situation et le rôle de l'Afrique centrale au cœur de cette relation.

Étant personnellement partisan de la thèse selon laquelle la France et la Chine ne peuvent être que rivales en Afrique, cette étude m'aura permis, comme elle le fera sûrement pour d'autres lecteurs, de comprendre que le fossé séparant compétition et coopération entre ces deux pays n'a cessé d'évoluer au cours de la dernière décennie. Un changement de paradigme qui était sans doute prévisible, mais reste tout de même inédit, car il est plus qu'évident que la France et la Chine poursuivent des objectifs communs sur le terrain. Le fait qu'ils partagent les mêmes intérêts fait d'eux des rivaux et non des ennemis. Ce qui aura d'ailleurs récemment laissé la porte ouverte à des collaborations sur le plan militaire et sanitaire. La France possède l'expérience et la Chine les moyens financiers. En effet, ils continuent de chercher des points complémentaires en Afrique qui détient le marché et les matières premières. Malgré cela, force est de constater que de 2013 à 2018, les gouvernements français et chinois ont essayé de trouver un équilibre dans leur rapprochement sans rencontrer un grand succès. Bien sûr, ceux-ci veulent plus de coopération, mais les acteurs privés, à l'instar des compagnies, ne suivront leur État qu'à la condition de faire plus d'argent.

Enfin, ma seule déception aura été que cette analyse ne s'articule pas entièrement sur le continent africain. Néanmoins, elle reste importante pour quiconque souhaiterait s'imprégner de l'envers du décor. Cet ouvrage constitue un point de départ. N'est-ce pas le but de tout travail scientifique de créer de nouvelles fenêtres pour que d'autres chercheurs puissent y trouver matière à réfléchir ? L'argumentation bâtie ici devrait amener les universitaires africains et africanistes à prendre le relais. En attendant, j'adhère à ce que l'auteur recommande aux politiques et autres acteurs des relations internationales. Ces neuf pays africains doivent continuer à coopérer séparément avec la France et la Chine. La seule coopération triangulaire dont ils devraient se soucier est celle à créer entre les États africains eux-mêmes, la région et le continent. Pour tirer pleinement parti de cette présence étrangère, ils devront donc mettre encore plus la France et la Chine en mode compétition et voir ce que les deux ont à offrir à l'Afrique centrale. Et que ce soit la Chine, la France ou les autres nations, j'invite mes contemporains à se rappeler que l'enfer est pavé de bonnes intentions. Le chemin des générations actuelles et futures sera long, mais plus d'études africaines de ce genre menées par des Africains nous permettront déjà de faire un état des lieux afin de bâtir de nouvelles stratégies pour nous tenir debout face à l'adversité mondiale qui nous guette de plus en plus.

Dr. Patrice Moundza

Maître de conférences

Université Marien Ngouabi

Brazzaville, Congo

1. Introduction

L'éventualité d'une relation triangulaire entre la France, l'Afrique et la Chine serait-elle sérieusement à considérer ?

Cette question crée une certaine effervescence dans le milieu des sciences politiques en Europe, en Afrique et en Asie. En effet, au 21e siècle, il est aisé de constater à quel point le monde est engagé dans un processus de globalisation de plus en plus important qui est à l'origine du concept de *coopération tripartite*. Dans le cas évoqué ci-dessus, la volonté des deux acteurs principaux à coopérer a été officialisée. En juin 2015, lors d'une visite d'État en France, le premier ministre chinois, Li Keqiang (李克强) et son homologue français, Manuel Valls ont signé une déclaration conjointe sur les partenariats Franco-chinois en marchés tiers. Cette association entre les deux gouvernements est une première dans l'histoire de leurs liens diplomatiques déjà émaillés de concurrence depuis la décolonisation (1847-1976) et la conférence de Bandung (1955). Le 15 novembre 2016, un fonds de 300 millions d'euros a été levé par la CDC International Capital et la CIC pour tous les investissements concernant l'Afrique, mais aussi l'Asie. Signé en présence du ministre français de l'Économie et des Finances, Michel Sapin et du Vice premier ministre chinois, Ma Kai (马凯) lors d'une visite de travail à Bercy, ce fonds devrait atteindre 2 milliards d'euros d'ici 2020. C'est le deuxième élément marquant qui a déclenché une série de séminaires, d'articles et de livres autour de cette relation tripartite particulière. Pourtant, comme nous l'avons précédemment souligné, cela n'a pas toujours été l'idylle entre la France et la Chine sur le continent africain. Avant d'effectuer ce rapprochement, les deux pays entretenaient plutôt des rapports concurrentiels.

De nombreux chercheurs restent divisés en ce qui concerne les coopérations tripartites et encore plus à propos de la combinaison entre la France, l'Afrique et la Chine. Premièrement, certains pensent que la France et la Chine ne seront jamais de véritables alliés en Afrique. Les chances d'assister à un passage effectif de la concurrence à une coopération dynamique sont minces, car chaque État pourrait privilégier son intérêt personnel avant celui de l'autre. Comme le souligne Thierry Pairault, directeur de recherches au CNRS et spécialiste de la Chine-Afrique, on assiste ainsi à l'assemblage de trois parties présentant plusieurs différences[1].

Deuxièmement, d'autres pensent que la France et la Chine devraient coopérer pour le bien de l'Afrique. Dans un futur proche, ce continent est celui qui devrait continuer à recevoir le plus grand nombre des investissements directs dans le monde. Les trois partenaires pourraient donc mutuellement bénéficier de ce nouvel élan diplomatique. Laurent Vigier, président directeur général de CDC International Capital est du même avis : « Cette alliance d'un nouveau type, scellée à travers ce fonds (300 millions d'euros), vise à promouvoir la coopération économique entre nos deux pays. Plutôt que d'être en concurrence frontale en Afrique, nous investirons en partenariat[2] ».

Avant d'être tripartites, les coopérations sont avant tout bipartites. Une logique ostensible qui doit être mise en lumière afin de traiter la problématique de notre étude. Même si la relation France-Afrique-Chine est récente et ne dispose pas encore d'une littérature significative, il faut retenir qu'une pléthore de chercheurs a déjà écrit sur les rapports France-Afrique ou Chine-Afrique. Les travaux ont été menés en suivant deux directions opposées. La première approche se résume sur le plan de la compétition. L'idée générale confronte la France et la Chine en Afrique. Elle représente les deux pays dans le besoin d'étendre leur hégémonie ou de la conserver (René Lemarchand, 1986 ; Philippe Hugon, 2008 ; Tanguy Struye de Swielande, 2010 ; Julien Bokilo Lossayi, 2011 ; Jean Jacques Gabas et Jean

---

[1] Sébastien Lebelzic, La Chine, la France et l'Afrique cherchent à bâtir une relation de confiance, *Le Monde,* Avril 2016.
https://www.lemonde.fr/afrique/article/2016/04/18/la-chine-la-france-et-l-afrique-cherchent-a-batir-une-relation-de-confiance_4904042_3212.html

[2] Anne Driff, La France et la Chine s'allient pour investir à l'international, *Les Échos*, 14 Novembre 2016.
https://www.lesechos.fr/14/11/2016/lesechos.fr/0211491747052_la-france-et-la-chine-s-allient-pour-investir-a-l-international.htm

Raphaël, 2012...). La deuxième approche réunit des études traitant séparément des coopérations entre l'Afrique et les deux pays. Il faut aussi souligner que l'arrivée de la Chine sur le continent a provoqué un regain d'intérêt qui a conduit à la naissance de plusieurs travaux de recherches basés sur l'avenir de la France en Afrique (Yves Goumin, 2009 ; François Gomis, 2014 ; Roland Louvel, 1994 ; Stephanie Hessel, 1970 ; Jean-Emmanuel Pondi, 2002 ; Deborah Brautigam, 2009 ; Jean-Pierre Cabestan, 2013 ; Yun Sun, 2014 ; He Wenping, 2014...).

De 1970 à 2014, plusieurs études ont vu le jour, mais nous pouvons affirmer que l'accent mis sur la coopération tripartite France-Afrique-Chine est assez nouveau. En d'autres termes, tous les précédents ouvrages publiés se sont concentrés uniquement sur des relations bipartites en explorant distinctement compétition et coopération. Aucun livre ne s'est sérieusement penché sur les deux concepts pour déterminer lequel s'applique véritablement aux trois acteurs. Le nombre incessant des interactions entre ces trois continents dans le cadre de la coopération tripartite est à présent la source de plusieurs questions ouvertes.

C'est ainsi que nous avons décidé de travailler sur cette coopération particulière qui s'enrichit d'année en année. La récente visite du président français, Emmanuel Macron en Chine peut servir d'exemple[3]. Nous étudierons la compétition et la coopération pour comprendre comment s'est opéré ce passage d'un concept à l'autre. Nous espérons ainsi apporter notre humble contribution à ce domaine des relations trilatérales qui est souvent négligé au profit des relations bilatérales. À l'heure de la mondialisation où les nations se rapprochent plus que jamais, il est important d'enquêter sur cet aspect des relations entretenues par les pays du Nord avec ceux du Sud. Une recherche essentielle aussi bien pour le milieu universitaire que politique.

[3] Emmanuel Macron a effectué une visite d'État en Chine du 8 au 10 janvier 2018. C'est à cette occasion qu'il a promis de revenir en Chine chaque année. Pour nous, cette fébrilité politique n'est pas une coïncidence, surtout lorsqu'on sait qu'il a effectué son premier tour africain à la fin de l'année 2017.

Notre étude essayera de contribuer à la base de données déjà disponible, mais complétera aussi celle-ci qui ne cesse de se développer (Chris Alden, 2017 ; Stahl Anna Katharina, 2017…). Notre objectif principal sera donc d'explorer la compétition et la coopération qui caractérisent aujourd'hui les relations France-Afrique-Chine en employant une nouvelle démarche.

Un partenariat soumis aux lois de la compétition et de la coopération.

Plusieurs études s'accordent à dire que l'Afrique subira de profondes mutations au 21e siècle. Cette période de changement affecte déjà les collaborateurs politiques et économiques du continent. Parmi ceux-ci, nous avons la France qui est considérée comme le *partenaire traditionnel* et la Chine qui est souvent décrite comme *le nouveau joueur*. La présence croissante de l'un de ces deux acteurs internationaux modifie l'équilibre des pouvoirs dans la région. En conséquence, notre étude s'appuiera sur la plus grande zone d'influence française, c'est-à-dire l'Afrique centrale. Le croisement fréquent des intérêts français et chinois entre 2013 et 2015 a entraîné une transition progressive entre deux variables : la compétition et la coopération. C'est précisément ce phénomène que nous avons choisi de clarifier comme quelques-uns l'ont fait avant nous. Dans un premier temps, nous déterminerons l'impact de ces deux tendances sur les domaines économique, politique, militaire, culturel et sanitaire sur le territoire visé. Deuxièmement, nous tenterons de définir nommément les rôles joués par les gouvernements et les autres protagonistes en fournissant plus de détails sur la nature des relations — bilatérales ou trilatérales — qu'ils envisagent de développer. Finalement, cette analyse est très importante pour améliorer le cadre de coopération entre l'Afrique centrale et ces deux pays, car il existe encore de nombreuses limites économiques, politiques et géostratégiques. En fin de compte, les questions les plus ambiguës et les plus cruciales sont africaines parce que les pays choisis font face à d'énormes défis pour profiter pleinement de cette présence étrangère. L'importance de ce livre repose sur trois principales raisons. Premièrement, ce travail nous permettra d'apporter plus de lumière sur les relations

Nord et Sud/Sud et Sud. Le monde se transforme progressivement en un espace ou le phénomène de perméabilité des frontières prend une place importante dans les débats actuels. Le grand projet de la Chine d'ouvrir une nouvelle route de la soie qui relierait l'Asie, l'Europe et l'Afrique illustre parfaitement cet argument. Les échanges entre le Nord et le Sud devraient donc se multiplier dans les années à venir. Il est alors primordial d'étudier les différents symptômes de cette fièvre diplomatique qui embrasera bientôt les pays sous-développés, en voie de développement et développés. Deuxièmement, notre étude constituera un outil de travail pour tous les jeunes chercheurs et politologues avérés qui voudront approfondir leurs connaissances au sujet des interactions entre la France, l'Afrique centrale et la Chine. Les discussions et les débats sur notre problématique sont encore embryonnaires parce que la coopération entre ces trois acteurs est évolutive. C'est dans cette optique que nous pensons que notre recherche renforcera et enrichira la littérature de ce sujet en pleine construction. Finalement, au-delà du domaine scientifique, notre travail pourrait également apporter des idées nouvelles aux diplomates et aux gouvernements africains en ce qui concerne les relations trilatérales, car force est de constater leur manque d'expérience dans ce genre de coopération. C'est pourquoi leur politique étrangère africaine au 21e siècle se révèle souvent inadaptée. Nous espérons que cette recherche sera en mesure d'apporter des solutions qui s'inscrivent dans le développement du continent qui a tellement de choses à accomplir.

Une littérature dynamique

La Chine a souvent été peinte comme une contrée lointaine, mystérieuse et parfois un peu effrayante dans les esprits d'une population africaine très croyante. En effet, force est de constater que certains préjugés ont la vie dure, peu importe la période de l'Histoire ou le lieu où ils prennent racine. Le “moi” s'attache ainsi généralement aux premières impressions qu'il se fait de l'autre. Si le dragon, créature légendaire, représente la bête de l'apocalypse, l'incarnation de Satan dans le christianisme importé d'Occident, il n'en est rien pour l'Asie. En Chine, le dragon symbolise la vie et la puissance. Ces allusions bibliques semblent être détachées du sujet traité […], mais c'est pourtant plus ou moins de cette façon qu'on peut introduire les travaux de recherche sur la Chine en Afrique qui ont été réalisés au cours des deux dernières décennies. Beaucoup de ceux-ci sont moins objectifs qu'on ne le pense dans la mesure où les chercheurs ont abondé dans des directions opposées en mettant en exergue leurs sentiments personnels. Nous avons donc vu paraître des publications antichinoises et prochinoises selon le degré d'amour des auteurs pour le drapeau rouge. Sans conteste, écrivains, philosophes, scientifiques et même empereurs ont tous eu à parler au moins une fois publiquement de l'importance grandissante de Pékin. On se souviendra alors de la fameuse phrase de Napoléon Bonaparte qui fut reprise en 1973 par Alain Peyrefitte comme titre de livre : "Quand la Chine se réveillera... le monde tremblera". La fascination chinoise n'a cessé de croître au fur et à mesure que la globalisation n'a cessé de défigurer la géopolitique international[4]. Ainsi, nous comptons de nombreuses sources de données associées à notre objectif. Les livres, les revues, les journaux, les séminaires et autres documents en version papier ou électronique qui seront utilisés dans le cadre de nos recherches sont transnationaux. En fait, de nombreux chercheurs observent, explorent et décrivent les relations entre l'Asie, l'Afrique et l'Europe. De plus, depuis 2009, l'implication de la Chine en Afrique est devenue un domaine important dans les relations internationales. À ce propos, nous avons ainsi distingué trois grands groupes de chercheurs issus de la Chine, d'Afrique, de la France et du reste du monde.

D'une part, nous avons des chercheurs chinois de haut niveau tels que He Wenping ; Li Anshan ; Liu Hong Wu ; Wang Hongyi ; Wang Duanyong ; Yang Lihua ; Wenzhong ; Li Rong ; Liu Haifang ; etc. D'autre part, nous comptons des auteurs africains comme Julien Bokilo ; Etanislas Ngodi ; Ali Abdulla Ali ; Waris Oyesina Ali ; Sanusha Naidu ; Elizabeth Sidiropoulos ; Adama Gaye ; Ian Taylor ; etc. Finalement, nous ne pouvons pas oublier d'inclure des spécialistes français des relations entre la Chine et l'Afrique, notamment Thierry Pairault ; Xavier Aurégan ; Jean-

---

[4] Nathanaël T. Niambi, China in Africa: Debtbook Diplomacy?, *Open Journal of Political Science*, 9, 2019, p. 222. https://doi.org/10.4236/ojps.2019.91012

Pierre Cabestan ; François Lafargue ; Jean Raphaël Chaponnière ; Jean Jacques Gabas ; etc. En plus d'eux, nous pouvons citer quelques noms occidentaux dont les travaux ont eu un énorme impact dans ce domaine : Chris Alden ; Deborah Brautigam et bien d'autres. La majorité de ces noms sont plus ou moins liés à notre sujet. En effet, ces auteurs ont alimenté notre motivation à travailler sur la coopération internationale et triangulaire au 21e siècle.

Pour le Professeur He Wenping, l'enracinement de la Chine en Afrique s'exprime en matière d'infrastructures et de commerce international en raison de ses offres à bas prix et de l'échange de services contre des ressources naturelles. C'est pourquoi des pays occidentaux comme la France ont toujours accusé la Chine de piller les matières premières du continent et de néo-coloniser l'Afrique. Ils considèrent la politique étrangère chinoise de « non-ingérence dans les affaires intérieures » comme un outil de soutien aux « États voyous » qui ne respectent pas la démocratie et les droits de l'homme. Cependant, même en devenant le premier partenaire commercial de l'Afrique en l'espace de 60 ans, le Professeur Wenping reconnaît que l'Empire du Milieu a encore besoin d'approfondir ses connaissances sur les États africains. Ce vide pourrait être comblé par une coopération avec d'autres partenaires étrangers déjà sur place. Même s'il n'est pas facile de parvenir à une compréhension mutuelle entre les Chinois et les Africains, il n'est pas judicieux de se concentrer uniquement sur ces deux acteurs. La compétition injustifiée entre la Chine et l'Europe doit être remplacée par la collaboration pour faire face aux défis à venir[5]. Lors du séminaire, « Présences chinoises en Afrique » en 2016, elle a déclaré que la coopération tripartite incluant la Chine, la France et l'Afrique n'était pas une priorité dans l'agenda de Beijing. Néanmoins, le gouvernement chinois agit peut-être lentement, mais il n'ignore pas cette occasion d'apprendre de

[5] He Wenping, Africa Should Jump on the China Bandwagon, article republished under the following title: How Far Can China Go in Africa?, *The Flagship Theory Journal of the Central Committee of the Communist Party of China*, 2014. https://chinaafricaproject.com/prcs-top-africa-scholar-africa-jump-china-bandwagon/.

l'ancien colonisateur de nombreux pays africains. La vague actuelle des visites diplomatiques entre la France et la Chine le prouve depuis dix ans. Dans l'ensemble, le Professeur Wenping estime que la sécurité économique et politique de l'Afrique doit être considérée comme une unité indissociable. Cela explique pourquoi les deux grandes puissances se rapprochent. Dans un avenir proche, la France pourrait occuper une position clé dans les plans de la Chine pour l'Afrique en raison de son expérience militaire et de son influence économique dans cette zone[6].

Suivant la même idée, Li Anshan, Liu Haifang, Pan Huaqiong, Zeng Aiping et même He Wenping ont fait un rapport évaluant le succès de la première décennie du FCSA avant la cinquième conférence ministérielle. Le but de leur étude était d'éclaircir des questions sur l'origine du FCSA, les procédures des institutions participantes, les mécanismes, les réalisations, les lacunes et la durabilité. Les chercheurs se sont mis d'accord sur un point. Il est important de renforcer la coopération multilatérale entre la Chine, l'Europe et d'autres pays concernant l'Afrique. Les Chinois peuvent développer leurs compétences en travaillant avec l'OCDE (la Chine en est devenue membre aujourd'hui), les ministères des Affaires étrangères et du Commerce, les organismes professionnels de différents pays, les organisations civiles et les think tanks étrangers pour accéder à l'information. Enfin, les partenaires chinois et africains pourraient améliorer le cadre institutionnel du FCSA en laissant plus de place à la participation du secteur privé et de la société civile dans la prise de décision[7].

Du côté africain, Adama Gaye a très tôt exploré les relations entre la Chine et l'Afrique. Il a discerné des similitudes et des divergences entre les deux régions en développement du Sud. Il a soulevé des questions intéressantes sur le sort de la Chine continentale et ses ambitions sur le continent africain. Et parce qu'ils refusent de jouer un plus grand rôle dans la politique

---

[6] He Wenping, Martina Bassam, Jean J. Gabas & Thierry Pairault, Compte rendu du séminaire Présences Chinoises en Afrique, *EHESS*, février 2016. https://www.pairault.fr/sinaf/index.php/component/content/article?id=782

[7] Voir Li Anshan, Liu Haifang, Pan Huaqiong, Zeng Aiping and He Wenping, FOCAC Twelve Years Later: Achievements, Challenges and The Way Forward, *Uppsala*, Peking University & Nordiska afrikainstitutet, Discussion paper 74.

africaine, ce célèbre journaliste sénégalais a conclu que la Chine était une autre puissance impériale qui poursuivait ses intérêts nationaux. Le géant asiatique ne peut pas être un partenaire fiable malgré sa prétention de construire un véritable partenariat égal avec l'Afrique. Il y a certainement des possibilités à envisager, mais elles ne servent pas à des fins philanthropiques. Et dans tout cela, l'Afrique ressemblerait plus à une autruche qui se cache la tête dans le sol en oubliant que le reste de son corps se retrouve à la merci de tous les prédateurs[8].

Du côté occidental, Deborah Brautigam s'est confrontée à lui lors d'un débat. Elle était plus favorable à l'idée d'avoir la Chine en Afrique. Elle a totalement dissipé les déclarations d'Adama sur la fiabilité chinoise. Depuis 1978, les plus hauts dirigeants chinois se sont rendus sur le continent africain à maintes reprises : Li Xiannian (1979), Zhao Ziyang (1982-1983), Li Peng (1984, 1997, 1999, 2001), Yang Shangkun (1992), Jiang Zemin (1996, 2000, 2002), Zhu Ronji (2002), etc. Comme vous pouvez le constater, même après avoir commencé son ouverture économique sur le monde, la Chine n'a jamais vraiment quitté l'Afrique. Les pays occidentaux ont abandonné le domaine des infrastructures alors que les Chinois ont construit des ponts, des centrales hydroélectriques, des ports, des autoroutes et des voies ferrées. En effet, toutes ces activités ne se sont pas déroulées instantanément. Cependant, le Professeur Brautigam admettra que les Chinois ne sont pas des philanthropes, mais depuis l'époque de Zhou Enlai, les responsables chinois ont toujours fondé leur programme d'aide sur le bénéfice mutuel[9].

À partir de là, il est intéressant de voir comment les opinions sur la Chine et l'Afrique diffèrent l'une de l'autre selon un schéma incorporant à la fois compétition et coopération dans une certaine mesure. De plus, le Professeur Brautigam pense que les Chinois ne sont pas aveugles. Ils connaissent les risques liés à l'extraction du pétrole dans des zones potentiellement

---

[8] Voir Adama Gaye, *Chine-Afrique : Le Dragon et l'Autruche,* L'Harmattan, 2006.

[9] Deborah Brautigam and Adama Gaye, "Is Chinese Investment Good for Africa", *Council of Foreign Relations*, 2007. http://www.cebri.com.br/midia/documentos/326.pdf

conflictuelles. Ils doivent donc assurer la sécurité de leurs citoyens dans les régions où leurs investissements sont importants. Cependant, l'Empire du Milieu ne favorisera peut-être pas la démocratie, mais la stabilité politique et une Afrique prospère rendent ses intérêts sains et saufs. En résumé, la Chine n'est pas un « donateur voyou ». La plupart des craintes concernant sa volonté en Afrique sont simplement mal informées. L'aide et l'engagement des donateurs traditionnels sont plus importants que les investissements chinois sur le sol africain. Néanmoins, la peur que les exportations chinoises détruisent les industries manufacturières africaines est réelle, mais là encore, l'Afrique ne représente que 4 % de l'ensemble des échanges commerciaux de la Chine à l'heure actuelle. Soyons réalistes, la Chine ne sait pas comment les Africains doivent développer leurs terres. Les pays africains devraient être libres de trouver leur propre voie pour sortir de la pauvreté. Le Professeur Brautigam a conclu sa recherche en déclarant que les expérimentations chinoises de réduction de la pauvreté mettent l'accent non pas sur l'aide, mais sur les expériences, non pas sur le paternalisme, mais sur « la destruction créative » de la compétition et les timides signes de la relance de nouvelles opportunités[10].

Se dessine alors un sentier menant plus vers la coopération. En parlant de cela, il est crucial d'examiner cette mutation en prenant en compte passé et contexte actuel. À cet égard, Julien Bokilo a concentré ses recherches sur les relations de la Chine avec l'Afrique et ses partenaires traditionnels — dont la France — à travers une dimension historique. Il a ainsi exprimé des aspects inhérents à la question suivante : la France, ancien partenaire et ancienne puissance coloniale, pourrait-elle coopérer avec la Chine en Afrique ?[11] Récemment, il a également analysé et souligné les mécanismes de la dépendance des pays du tiers monde vis-à-vis des grandes puissances comme la Chine et la France. Le Docteur Bokilo a pris le cas de la République du Congo pour discuter des stratégies de ce type de coopération. Il

---

[10] Voir Deborah Brautigam, *The Dragon's Gift: The Real Story of China in Africa*, Oxford University Press, 2009.

[11] Voir Julien Bokilo, *China in Africa, Competition between China, Traditional Partners of Africa and BRICS Countries,* L'Harmattan, 2011.

en a déduit que les deux États sont guidés par un code de conduite spécifique dans leurs relations mutuelles afin de sauvegarder leurs intérêts économiques[12]. La dépendance du Congo vis-à-vis de la France est donc plus importante que celle de la Chine. Cependant, lorsque nous plaçons cette dépendance dans un environnement concurrentiel, nous constatons que la faible dépendance congolaise envers la Chine crée des tensions entre les deux pays étrangers. Dans ce cas, le rapprochement ne sera pas totalement sincère tant que l'Afrique n'aura pas mis en place sa propre politique étrangère de coopération. Les opportunités restent insuffisantes. Il ne fait aucun doute que les Africains doivent demander plus de transferts de technologie et de connaissances pour être indépendants. Sans cela, il y a encore un risque de confrontation directe, car ni la Chine ni la France ne sont prêtes à quitter l'Afrique centrale, une importante zone de ressources naturelles capable de remplacer le Moyen-Orient[13].

Pour sa part, Jean-Pierre Cabestan pense que les relations triangulaires pourraient fonctionner dans une certaine mesure. Bien que la France et la Chine aient souvent été présentées comme des compétiteurs économiques et politiques en Afrique, depuis 2013, les deux pays ont montré une volonté de coopération plus claire. Il a exposé les raisons de ce rapprochement et dressé une liste des limites qui pourraient survenir au cours de cette nouvelle initiative. Par ailleurs, l'auteur a mis en exergue les domaines actuels de coopération entre la France et la Chine qui se situent pour bon nombre en Afrique centrale. De multiples défis sécuritaires, politiques et sociaux obligeraient donc la France et la Chine à unir leurs forces. Cependant, il semble plus difficile de synchroniser les entreprises françaises et chinoises avec leur gouvernement respectif. En d'autres termes, le Professeur Cabestan doute de la capacité et du rôle joué par les autorités politiques à rassembler tout le monde vers un objectif commun. La déclaration commune sur les marchés tiers signée par les deux pays est une étape, mais

---

[12] Voir Morgenthau Hans J., *Politics among Nations, The Struggle for Power and Peace*, New York, Alfred Knopf, 6th ed., 1985.

[13] Voir Julien Bokilo, Approches comparatives de la dépendance du Congo à l'égard de la France et de la Chine, Revue *CAMES/SJP*, n° 001, 2017.

les Africains n'ont pas oublié leur passé. Est-ce vraiment une bonne idée de voir un ancien colonisateur et une puissance montante collaborer dans divers projets de développement ?[14] Connu en tant que brillant sinologue, le Professeur Cabestan a également travaillé sur la politique étrangère de la Chine dans le monde entier. Il a établi l'origine et les changements des liens que le dragon rouge partage avec d'autres nations après « Tian An Men (天安门) ». Il a ainsi démontré comment la Chine travaillait dur pour sécuriser ses approvisionnements en pétrole et en gaz. La relation que les Chinois entretiennent avec l'Union européenne et les pays en développement s'articulent entre coopération, prédation et leadership. En dernière analyse, il est conscient que Pékin restera la deuxième plus grande économie mondiale à l'avenir, mais il convient de souligner que ce processus devra passer par d'autres États[15].

Dans ce domaine, une grande partie des documents de travail, des études académiques et des articles sur la Chine-France-Afrique ont surtout émergé en France. Lors d'une interview, le Professeur Thierry Pairault, tout comme le Professeur Brautigam, critique le nombre de journaux qui caricature la présence chinoise en Afrique comme une invasion alors que l'on sait que les investissements chinois en Afrique ne représentent que 0,2 % des IDE chinois dans le monde. Le Professeur Pairault a souligné que les initiatives concernant le concept de « coopération tripartite » sont en cours de construction. Par exemple, le sommet politique visant à réunir les trois acteurs à Dakar (capitale du Sénégal en Afrique de l'Ouest) en 2016 a été reporté. Les chefs d'État des deux parties ont officiellement déclaré qu'ils étaient confrontés à des difficultés pour élaborer un programme commun. Le Professeur Pairault ne croit pas aux coïncidences, cet exemple prouve que les Français et les Chinois travaillent

---

[14] Voir Jean-Pierre Cabestan, France-China Cooperation in Africa: The Emergence and the Limits of a New Initiative, Paper presented at *Yale China-Africa Conference on Africa-China Relations*, March 16-17, 2016.

[15] Voir Jean-Pierre Cabestan, *La Politique internationale de la Chine, entre intégration et volonté de puissance*, Presses de Sciences Po, Collection Sciences Po Mondes, 2010.

encore sur un véritable accord multilatéral capable de satisfaire leurs intérêts en Afrique[16].

Et dans notre cas, nous voulons mettre l'Afrique centrale au premier plan. D'où notre attention pour Ian Taylor, l'un des universitaires les plus influents sur les relations internationales en rapport avec l'Afrique subsaharienne[17]. Il a évoqué la position grandissante de la Chine sur les marchés pétroliers africains. La diplomatie pétrolière chinoise a deux objectifs principaux selon lui : à court terme, assurer l'approvisionnement en pétrole pour répondre à la demande intérieure croissante en Chine et, à long terme, faire de la Chine un acteur mondial sur le marché international du pétrole. Taylor a présenté une analyse détaillée de la compétition entre la Chine et les pays européens pour le pétrole. Ses études explorent les avantages et les inconvénients de ce face à face entre l'Est et l'Ouest pour les producteurs de pétrole africains. Enfin, il pense que les pays occidentaux n'ont pas le droit d'accuser la Chine d'accroître l'autocratie et la corruption en Afrique en raison de sa décision de ne pas intervenir dans les affaires intérieures. Quoi qu'il en soit, les Chinois ne font qu'ignorer les préoccupations de ces partenaires traditionnels au sujet des droits de l'Homme parce que l'Histoire a suffisamment démontré que les anciens colonisateurs de l'Afrique venaient d'Europe et non d'Asie. Taylor recommande que l'implantation chinoise dans les industries pétrolières africaines soit résolue par les dirigeants africains eux-mêmes[18].

Pour terminer, nous pouvons dire qu'il flotte un doute quant à savoir si la Chine et la France (qui est membre de l'UE) rivalisent ou coopèrent dans notre zone d'étude. Tous ces chercheurs prestigieux ont abordé la question séparément en fonction des deux variables. Même si au cours de la dernière décennie, certains d'entre eux ont traité ces acteurs dans une perspective triangulaire en les mélangeant et en les comparant, leurs résultats montrent quelques faiblesses en raison notamment

---

[16] Voir Thierry Pairault, Les chiffres de l'investissement direct chinois en Afrique, *Dounia-CISRI,* L'Harmattan, 2010.

[17] Cambridge Review of International Affairs, Vol.25, 2012, p. 171.

[18] Voir Ian Taylor, China's Oil Diplomacy, *International Affairs*, Vol. 82, Issue 5, 2006.

du caractère récent du sujet qui ne cesse d'être mis à jour. Les auteurs cités ci-dessus et d'autres ont formulé des questions importantes, fourni des réponses valides et avancé des arguments solides. Cependant, nous pensons que la ligne démarquant la compétition de la coopération reste encore floue. En outre, ils ont traité l'Afrique en général alors que nous voulons concentrer notre attention sur une zone particulière. Notre sujet reste donc intéressant à l'heure où les actions et les décisions de ces deux pays étrangers vont être décisives pour de nombreux pays francophones.

Des objectifs et des questions de recherche

Le principal objectif de notre recherche est d'étudier la nature de la relation trilatérale entre la France, l'Afrique centrale et la Chine. Celle-ci s'inscrit bien sûr dans la perspective des deux variables majeures : la compétition et la coopération. Il s'agira d'analyser et de comparer lequel de ces deux aspects prédomine. Toutefois, notre travail ne se limitera pas à cela. Notre but vise aussi la compréhension de cette transition au cours des dernières années :

- Analyser la nature des relations diplomatiques entre la Chine et la France en Afrique centrale ;
- Utiliser tous les événements historiques, économiques, politiques, militaires, géostratégiques, culturels pour traiter les éléments qui relèvent de la compétition et de la coopération ;
- Réfléchir sur les conséquences positives et négatives de cette relation sur le continent africain ;
- Proposer quelques solutions afin d'améliorer cette coopération trilatérale.

Notre travail s'articule autour de deux questions principales suivies de cinq questions secondaires :

Questions principales

- Pourquoi un éventuel passage de la compétition à la coopération est-il possible entre la France et la Chine en Afrique centrale ?

- Que recherchent ces pays africains au centre de cette coopération croissante avec la France et la Chine ?

Questions secondaires

- Comment la compétition internationale se réalise-t-elle en Afrique centrale ?
- Pourquoi la France et la Chine sont-elles en compétition sur le territoire africain ?
- Comment la coopération internationale se réalise-t-elle en Afrique centrale ?
- Pourquoi la France et la Chine ont-elles décidé de collaborer maintenant plutôt qu'avant ?
- Comment l'Afrique centrale peut-elle se servir de ce genre de coopération trilatérale pour lutter contre la pauvreté, le chômage et entamer un véritable processus de développement économique ?

Ces questions jouent un rôle indispensable pour parvenir à la réponse finale. Dans un premier temps, elles auront pour objectif d'analyser et de décrire séparément la compétition et la coopération entre la Chine et la France en Afrique centrale. Dans un deuxième temps, elles relieront les deux phénomènes pour comprendre et explorer comment la transition s'est opérée entre les deux puissances. Enfin, il s'agira de s'interroger sur l'importance de ce changement à long et court terme. Réussite ou échec ? Si c'est une réussite, alors il sera question de réfléchir sur les perspectives d'avenir de ce type de relation en Afrique. Si c'est un échec, alors quelles seront les conséquences de cette relation trilatérale sur le continent ?

Méthodologies

Afin de résoudre notre problème, il est important d'avoir un plan de recherche. Dans les communautés scientifiques et universitaires, il existe de nombreuses façons de mener une étude. Dans notre cas, nous avons choisi de non pas travailler avec une seule méthode de recherche, mais avec trois. En effet, nous pensons que c'est la meilleure chose à faire concernant notre enquête.

Tout d'abord, nous utiliserons une méthode comparative pour mettre en place la première étape de notre livre. Les études comparatives sont principalement internationales et permettent au chercheur de mesurer les ressemblances et les différences présentées par plus d'un sujet et basées sur certaines variables. Dans notre travail, tout portera sur la compétition et la coopération entre de nombreux acteurs. Ensuite, nous comparerons différents domaines pour en tirer des conclusions. C'est dans cet esprit que Hantrais et Mangen définissent la recherche comparative comme étant une tentative d'étudier des questions ou des phénomènes particuliers dans deux ou plusieurs pays avec l'intention de comparer leurs manifestations dans des contextes socioculturels différents en utilisant les mêmes instruments de recherche[19]. C'est d'ailleurs la raison qui nous pousse à appliquer la méthode de comparaison internationale qui met l'accent sur les correspondances et les distinctions entre les sphères de l'économie, de la politique, de l'histoire, etc.

Deuxièmement, pour le reste de notre projet, nous ferons recours à une recherche documentaire parce que nous n'avons pas été financièrement en mesure de faire des études sur le terrain. Bien qu'il aurait pu être intéressant de visiter certains des pays ciblés parce que nous pouvons utiliser les trois langues parlées dans ces régions, nous avons opté pour la recherche documentaire qui permet l'emploi de données déjà collectées par d'autres chercheurs dans le monde. Ainsi, nous nous servirons des informations disponibles dans les articles et les livres des auteurs qui ont travaillé sur le même sujet. De cette façon, nous espérons non seulement explorer et traiter les questions liées à l'étude, mais aussi en créer quelques-unes qui pourraient motiver de futurs chercheurs à opérer des analyses plus empiriques.

Enfin, nous aurons également besoin d'un plan de recherche qualitative, car le titre de notre livre est une interrogation plutôt qu'une affirmation ou une confirmation. En effet, nous aimerions découvrir le « pourquoi ? ». Les deux dernières parties de notre travail seront donc d'ordre interprétatif. Il ne faudrait pas confondre ce modèle avec le modèle quantitatif. En ce qui

---

[19] Voir Hantrais Linda and Managen Steen, *Method and Management of Cross-national Social Research*, Cassel, 1996.

concerne ce dernier, il est toujours connecté à des ouvrages ou des recherches disposant d'une base de données numérique ou de statistiques. Cependant, la conception qualitative de la recherche, comme son nom l'indique, fait ici beaucoup plus référence à la qualité de la recherche. Elle aide le chercheur à explorer profondément un phénomène et observer pertinemment les acteurs ainsi que les différents paramètres d'une question dans son intégralité sans nécessairement construire d'hypothèses.

Pour comprendre la configuration de ce plan de recherche, plébiscité en sciences sociales, nous nous appuierons sur la troisième édition du livre intitulé : *Research Design, Qualitative, Quantitative and Mixed Methods Approaches*. Dans son ouvrage, John W. Cresswell compare les trois approches. Il développe une théorie particulièrement intéressante sur les méthodes quantitatives, qualitatives et mixtes (combinaison de plans quantitatifs et qualitatifs pour la collecte de données). L'auteur conçoit ici la recherche qualitative comme étant une recherche qui se déroule dans un milieu naturel, s'appuie sur le chercheur comme l'instrument de collecte de données, emploie de multiples méthodes de collecte de données, est inductive, est basée sur les valeurs des participants, est émergente et implique souvent l'utilisation d'une perspective théorique, est interprétative et est holistique[20].

En bref, nous apporterons plus de précisions sur la relation trilatérale entre la France, l'Afrique centrale et la Chine grâce à une étude comparative, une recherche documentaire et un plan de recherche qualitative. Nous décrirons, interpréterons et explorerons tous les aspects liés au sujet que nous avons choisi à l'aide de plusieurs outils d'enquête. C'est dans ce contexte que nous avons également décidé de réaliser des interviews via e-mail avec des spécialistes de la **ChinAfrique** entre le mois d'octobre et de décembre 2018. Nous avons ainsi pu recueillir les avis du Professeur Jean-Pierre Cabestan (Doyen de la Hong Kong Baptist University) et du Docteur Moundza Patrice (UMNG) qui ont aimablement accepté de répondre à une courte liste de questions relatives à notre sujet.

---

[20] John W. Creswell, *Research Design, Qualitative, Quantitative, and Mixed Methods Approaches, 3rd ed.* Sage Publications, Inc., 2009, p. 186.

Délimitation

Le titre du livre révèle les différents acteurs concernés par notre recherche. En effet, le phénomène étudié se focalisera simultanément sur trois continents. Il s'agit de l'Europe avec la France, de l'Asie avec la Chine et enfin de l'Afrique centrale. À ce propos, nous devons prendre en considération plusieurs pays africains. C'est la raison pour laquelle, nous pensons qu'il est nécessaire de délimiter correctement cet espace qui constituera la plus importante partie de notre zone d'étude. L'Afrique centrale compte 9 pays selon la Division des statistiques de l'Organisation des Nations Unies. Nous avons l'Angola (Luanda), le Cameroun (Yaoundé), le Gabon (Libreville), la Guinée équatoriale (Malabo), la République centrafricaine (Bangui), La République Démocratique du Congo (Kinshasa), La République du Congo (Brazzaville), le Tchad (N'Djamena) et Sao Tomé-et-Principe (Sao Tomé).

Cependant, afin de rendre nos recherches plus efficaces, nous inclurons également de temps à autre quelques pays voisins d'Afrique de l'Ouest pour examiner comment la compétition ou la coopération entre la France et la Chine affecte et influence les pays choisis.

2. Compétition et coopération entre la France et la Chine en Afrique centrale

2.1 Compétition entre la France et la Chine en Afrique centrale

La période où la Chine condamnait le colonialisme et l'impérialisme à la conférence de Bandung en 1955 peut constituer un point de départ pour repérer les prémisses d'une opposition avec la France. Les premiers signes de rivalité entre les deux nations sont donc d'abord et avant tout d'ordre historique. Nous pouvons les situer dans le contexte de la guerre froide où plusieurs nations du Sud avaient créé le mouvement des non-alignés[21] plutôt que d'avoir à rejoindre le bloc soviétique (communisme) ou le bloc américain (capitalisme). En effet, la Chine se mettait déjà indirectement sur le chemin des visées internationales françaises en soutenant certaines de ses anciennes colonies comme la Tunisie, le Maroc ou l'Algérie qui réclamaient leur indépendance. À ce propos, la politique étrangère de Mao Ze Dong (毛泽东) basée sur les principes de Zhou Enlai (周恩来) en 1953 — qui avait beaucoup de succès à cette époque — a même été inscrite dans la Charte de l'OUA en 1963[22]. Au fil des années, le paysage politique international a changé en passant de la bipolarité à l'unipolarité avant finalement de présenter des allures multipolaires au 21e siècle.

Ainsi, les relations entre Pékin et Paris ont également évolué. Et comme l'aura évoqué Erik Izraelewicz dans son étude, les activités françaises sont étroitement liées à la variable Chine[23].

---

[21] Organisation regroupant des États ayant refusé de faire partie du bloc de l'Est et de l'Ouest durant la guerre froide.

[22] Henri Mova Sakanyi, La Chine en Afrique : Grammaire d'un basculement stratégique, *Dounia-CISRI*, L'Harmattan, 2010, p. 111.

[23] *Ibid.*, p. 116.

Toutefois, la rivalité franco-chinoise dépasse clairement le simple cadre diplomatique d'antan. Nous avons pu la relever dans plusieurs secteurs. Mais pour les besoins de notre recherche, nous nous limiterons à trois domaines pour montrer l'existence d'une compétition entre les deux pays en Afrique centrale. Il s'agira notamment d'aspects économiques, politiques et culturels.

2.1.1 Aspects économiques

S'il existe bien un domaine où les relations France-Chine ne cessent de varier entre compétition et coopération selon les cas recensés en Afrique centrale, c'est celui de l'économie. Néanmoins, il faut faire la part des choses, car le paradigme économique sino-français ne doit pas ici être réduit à son essence même. En d'autres termes, cette rivalité économique fait tantôt intervenir géoéconomie tantôt diplomatie pour ne citer que ceux-là. Dans ce contexte pluriel, certains chercheurs ont affirmé que la France perdait cette zone et d'autres, moins pessimistes, ont préféré parler de récession. Une incertitude affichée par les experts qui ont relevé une baisse des parts de marché entre 2000 et 2011, de 10,1% à 4,7% pour toute l'Afrique subsaharienne. Ce recul s'est accompagné notamment d'une réduction significative de l'influence des firmes françaises à cause de la Chine[24].

De ce fait, le meilleur moyen que nous avons trouvé pour analyser les aspects économiques liés à la compétition a été de les scinder en secteurs d'activités comme le sous-entendaient Serge Michel et Michel Beuret : « s'il existe effectivement une compétition, elle concerne des secteurs tels que la construction des infrastructures et l'énergie[25] ». Cependant, nous avons élargi le champ de recherche en incluant trois autres. Ce qui nous fera donc un total de cinq : le secteur pétrolier ; le secteur de la construction ; le secteur des exportations ; le secteur entrepreneurial et le secteur monétaire.

---

[24] Presstv, Macron en Inde : entre emballement médiatique et modestes réalité, *Presstv*, mars2018.
https://www.presstv.com/DetailFr/2018/03/10/554957/Macron-France-Inde

[25] Serge Michel et Michel Beuret, *La Chinafrique : Pékin à la conquête du continent noir*, Grasset & Fasquell, 2008, pp. 178-199.

Secteur pétrolier

À l'époque, Nguyen relevait déjà deux grandes logiques concernant la présence chinoise en Afrique. Il s'agit de la recherche d'un marché pour les produits chinois, mais aussi, et surtout de la quête des hydrocarbures, minerais et autres matières premières [26]. Il n'est donc pas étonnant qu'il y ait une confrontation entre la France et la Chine en Afrique centrale vu que cette région compte plus d'un pays pétrolier. Selon une répartition des ressources naturelles de l'Afrique faite par *Al Jazeera* en 2016, la réserve pétrolière du continent africain occupe une place importante. Nous parlons ici de 9,5 % des réserves mondiales de pétrole et de 11,5 % de la production mondiale[27]. La Chine qui est donc passée de 8e importateur de pétrole en 2000 avec 29 % à 1er importateur a donc les yeux rivés sur le continent[28]. En Afrique centrale, l'Angola, le Tchad, le Cameroun, la République du Congo et le Gabon sont d'importants pays producteurs de pétrole. En plus des hydrocarbures, ces pays et le reste de la région regorgent également d'autres ressources naturelles comme le diamant en République Centrafricaine, en République Démocratique du Congo, etc.

La guerre commerciale engagée avec l'administration américaine de Donald Trump en 2018 est l'une des plus récentes raisons qui poussent encore la Chine à continuer la diversification de ses sources d'approvisionnement en ressources naturelles et l'amélioration de la sécurité de ses approvisionnements en pétrole[29]. L'Afrique centrale avec le golfe de Guinée apparaît donc comme l'une des alternatives sur le continent africain. Mais même si Pékin a réussi à s'implanter dans cette zone riche en pétrole, cela n'aura pas été sans mal. En

---

[26] Serge Mbenza, Les relations Chine-Afrique : quel futur ?, *Dounia-CISRI*, L'Harmattan, 2010, p. 144.

[27] https://www.aljazeera.com/indepth/interactive/2016/10/mapping-africa-natural-resources-161020075811145.html

[28] Serge Mbenza, Les relations Chine-Afrique : quel futur ?, *op.cit.*, p. 144.

[29] Philippe Hugon, La renaissance de la diplomatie Sud-Sud, dans *B. Badie, S. Tolotti (dir), L'état du monde*, La Découverte, 2008, pp. 41-44.

effet, la France fait partie de ces partenaires traditionnels, qui à travers des multinationales comme Elf[30], a longtemps fait la pluie et le beau temps. Sachant qu'ils ne pourraient jamais gagner dans un affrontement direct, les Chinois ont donc élaboré plusieurs stratégies pour rivaliser avec les firmes françaises.

Il existe actuellement plusieurs multinationales et petites entreprises chinoises opérant en Afrique centrale. Même aujourd'hui, il serait difficile de recenser avec exactitude tous les acteurs chinois opérant en Afrique, car nombreux sont ceux qui ont répondu à l'appel de Pékin d'aller faire fortune à l'étranger : *The Go Out Policy*[31]. Le Chiffre qui est souvent évoqué pour parler du dynamisme des relations commerciales sino-africaines est étroitement lié à l'approvisionnement de la Chine en pétrole africain : « En 1995, celle-ci importait 9 % de ses besoins d'Afrique ; en 2008, cette proportion est passée à 35 %, alors que durant la même période, la consommation chinoise en hydrocarbures a presque triplé[32] ». Nous comptons justement trois entreprises pétrolières parmi ces acteurs : China Petroleum and Chemical Corporation (Sinopec) ; China National Offshore Oil Corporation (CNOOC) et China National Petroleum Corporation (CNPC) (Image 1).

Ian Taylor relève d'ailleurs l'importance locale des trois entreprises chinoises ci-dessous. La China National Petroleum Corporation (CNPC), la China National Offshore Oil Corporation (CNOOC) et la China Petroleum and Chemical Corporation (Sinopec) ont acquis au fil du temps le statut de véritables ministères raccordés à la Commission de l'économie et du commerce de l'État. En effet, c'est une véritable économie

---

[30] Total à l'époque nommée « Elf » est une multinationale pétrolière française qui a longtemps été considérée par de nombreux chercheurs comme étant un acteur international utilisé par la France pour maintenir son influence politique et économique dans plusieurs États africains.

[31] Aussi connue comme « Going Global Strategy- 走出去战略 », cette expression est utilisée pour désigner l'impulsion donnée par le gouvernement chinois en 1999 afin d'encourager les entreprises du plus grand pays en développement au monde à investir sur le plus grand continent en développement au monde.

[32] Michel Beuret, Serge Michel, La Chine a-t-elle un plan en Afrique ?, *Afrique contemporaine, 4* (n° 228), 2008, p. 50.

pétrolière extérieure que la Chine a commencé à mettre sur pied vers 1995[33].

Image 1: Principales compagnies pétrolières (France-Chine)

Source : Fait par Dr Nathanaël T. Niambi, 2019.

Nous partirons de la base que les stratégies chinoises ont été appliquées par ces trois entreprises d'État pour tirer profit des plus grands gisements déjà contrôlés par les sociétés occidentales dont la France. Tanguy Struye de Swielande suggérait que Pékin n'avait que trois options pour surmonter cet obstacle :

- Renégocier les contrats au profit des Chinois ;
- Acquérir les parts des sociétés locales africaines ;
- Racheter des entreprises étrangères pour pénétrer les marchés[34].

Premièrement, il s'agit toujours là, selon Ian Taylor, d'une *diplomatie du pétrole* mise en avant par Pékin pour s'enraciner

[33] Ian Taylor, The All-weather Friend?, article issued from *Africa in International Politics: External Involvement on the continent*, chapter 4, Routledge Taylor & Francis Group, 2004, p. 93.

[34] Tanguy Struye de Swielande, *La Chine et les grandes puissances en Afrique. Une approche géostratégique et géoéconomique*, UCL Presses universitaires de Louvain, 2011, p. 32.

dans des pays d'Afrique centrale où la France possédait des avantages certains depuis les indépendances. Total Gabon a conclu un partenariat avec Sinopec sur le pétrole brut gabonais en 2004. Luanda a accepté un prêt de deux milliards de dollars de la part de Pékin en 2005. Une enveloppe qui a été suivi d'un milliard de plus en mars 2006. On peut par ailleurs signaler l'absorption de la Sonangol en Angola par la Sinopec à hauteur de 40% sur un investissement total de plus de 1,4 milliard de dollars[35].

Ces exemples nous montrent à quel point Pékin n'a pas hésité dès le départ à injecter de grosses sommes d'argent. Pendant ce temps, les multinationales françaises qui ne pouvaient pas se permettre de faire la même chose pour riposter ont vu leurs nouveaux rivaux s'installer dans la région et le nombre de leurs contrats réduit par la présence chinoise accrue comme le fait remarquer Chris Alden[36].

Deuxièmement, ces pertes sont la conséquence immédiate du fameux *deal package*. Une pratique qui symbolise en grande partie la force des multinationales de Pékin. Durant les appels d'offre, les propositions chinoises sont 30% voire 50% plus abordables que celles des Français. En plus d'importer sa main d'œuvre pour réduire leurs prix, Pékin génère des offres groupées. Ce qui revient à dire qu'à chaque package, on peut avoir la construction d'une autoroute ; d'un pont ; d'une raffinerie contre l'exploitation d'un puits de pétrole ou d'une mine. Et même lorsqu'il s'agit de grands contrats, les Chinois peuvent sceller le marché en livrant gratuitement des stades ; des ministères pour faire de l'ombre à la concurrence. Ces « packages » sont gérés par l'Exim-Bank (pour importations et exportations)[37].

Pour illustrer cet argument, nous prendrons le cas de l'Angola qui est un pays pétrolier montrant parfaitement l'existence de

---

[35] Ian Taylor, China's Oil Diplomacy in Africa, *International Affairs*, Volume 82, Issue 5, 2006, pp. 8-9.

[36] Chris Alden, *China in Africa: Partner, Competitor or Hegemon? (African Arguments)*, Zed Books Ltd, Second impression, 2008, p. 109.

[37] Ludovic Lamant, L'Afrique au centre, comment la Chine s'est emparée d'un continent, *Mediapart*, 9 juin 2008. https://www.mediapart.fr/journal/international/090608/l-afrique-au-centre-1-comment-la-chine-s-est-emparee-d-un-continent

cette compétition internationale entre la France et la Chine en Afrique centrale pour le contrôle de l'or noir. Comme nous venons de l'évoquer, les pays africains ont besoin d'infrastructures et la Chine propose de combler ce manque en échange de matières premières. Une solution que l'Angola — qui sortait d'une longue guerre civile[38] — n'a pas hésité à accepter. En effet, en faisant le prêt de 2 milliards de dollars au gouvernement angolais en 2004 en échange de contrats pétroliers, Pékin est devenu l'alternative au FMI et autres bailleurs traditionnels[39]. Le think tank japonais *IDE-JETRO* souligne d'ailleurs l'éviction de Total SA d'une partie du bloc 3 (3/80) à la fin de 2004 en représailles sur l'affaire Falcone ayant entre autres permis à la Sinopec de faire son entrée dans l'industrie offshore angolaise en février 2005[40].

Finalement, il est possible de déduire que Total n'a pas pu empêcher les multinationales chinoises de lui ravir des marchés en Afrique centrale dans les années 2000. Ses difficultés et ses protestations face à cette nouvelle concurrence jugée déloyale sont alors devenues fréquentes dans la plupart des pays africains où elle opérait. Le 10 septembre 2009, l'ex-président chinois Hu Jintao (胡锦涛) recevait François Bozizé, l'ex-président de la Centrafrique après avoir accordé à son pays 4,4 millions d'euros pour la construction d'hôpitaux et d'écoles. Ce qui aura facilité l'obtention d'un permis de recherche, développement et exploitation du pétrole de Boromata au nord-est du pays par la CNPC. Avant et après avoir été renversé du pouvoir le 24 mars 2013, Bozizé tiendra des propos publics qui en disent long sur

[38] La guerre civile angolaise est un conflit opposant le Mouvement populaire de libération de l'Angola (MPLA) et l'Union Nationale pour l'Indépendance Totale de l'Angola (UNITA) de 1975 à 2002.

[39] Thierry Vircoulon, La nouvelle question sino-africaine, *S.E.R. « Etudes »*, II Tome 407, 2007, pp. 459-460.

[40] Institute of Developing Economies Japan External Trade Organization (IDE-JETRO), China in Africa, a Strategic Overview, *Executive Research Associates (Pty) Ltd*, October 2009, p. 37.

l'existence sous-jacente de cette rivalité : « J'ai donné le pétrole aux Chinois et c'est devenu un problème[41] ».

Secteur de la construction

Du nord au sud, de l'est à l'ouest, les villes africaines se métamorphosent lentement pour certaines et rapidement pour d'autres. Nous venons de voir que le secteur pétrolier est étroitement lié au secteur du bâtiment et des travaux publics (BTP). En effet, la majorité des offres chinoises pour obtenir l'accès aux ressources naturelles de la région se réalisent par le biais du BTP qui fait donc office de secteur stratégique, car la différence entre entreprise de construction et pétrolière est parfois très fine pour la partie chinoise. On peut donc rebondir sur ce fait pour dire que l'arrivée des compagnies chinoises de BTP en Afrique centrale a créé une situation de rivalité avec les opérateurs français. Il est assez facile de le constater à travers les stades, les palais présidentiels, ponts, écoles, ports, routes, chemins de fer, etc., construits à Brazzaville, Luanda, N'Djaména, Kinshasa, etc. Dans une récente interview, Deborah Brautigam déclarait qu'il fallait retenir 3 chiffres à propos des relations sino-africaines : 8 à 10 milliards de dollars pour l'aide au développement, 40 milliards de dollars pour les stocks d'investissements et 70 milliards de dollars par an pour les contrats de construction[42].

Avant de recentrer l'analyse sur l'Afrique centrale, il faut d'abord signaler que le retour dans la course africaine de la construction des plus grandes entreprises françaises comme Bouygues, Vinci et Eiffage a été tardif, bien que motivé par l'influence grandissante de la Chine dans le domaine. Après la chute du mur de la honte le 9 novembre 1989, elles avaient préféré faire de l'Europe de l'Est leur premier marché

---

[41] Olivier Ndenkop, Centrafrique : les raisons cachées de l'intervention française, *Investg'action*, décembre 2013. https://www.investigaction.net/fr/Centrafrique-les-raisons-cachees/

[42] Interview de Deborah Brautigam par Falila Gbadamassi, Les Chinois sont dans une phase d'apprentissage en Afrique, *Géopolis Afrique*, mai 2018. https://mobile.francetvinfo.fr/monde/afrique/economie-africaine/deborah-brautigam-les-chinois-sont-dans-une-phase-d-apprentissage-en-afrique_3055121.htm

international. Au début des années 2000, la France occupait alors le podium des grands constructeurs, suivie du Japon et de quelques pays européens. La Chine qui figurait assez loin dans le classement des 225 principaux acteurs mondiaux a su rattraper son retard. Son internationalisation en Afrique — servant de laboratoire avant de s'attaquer aux marchés occidentaux — lui aura permis de détrôner la France de son titre de numéro 1 dans le BTP.

D'après une étude réalisée par le Syndicat des Entrepreneurs Français Internationaux (SEFI) concernant les chiffres d'affaires des pays leaders du BTP dans le monde, la Chine est passée de la troisième place qu'elle occupait en 2008 à la première place avec 59,7 milliards d'euros. Elle a ainsi remplacé la France en 2013 qui s'est maintenue à la deuxième place avec 37,3 milliards d'euros[43]. Ce changement de fréquence est en partie dû au succès du BTP chinois en Afrique. En effet, « depuis cinq ou six ans, la Chine remporte la plupart des appels d'offres pour les grands contrats de construction à tel point que les géants occidentaux du BTP ne prennent souvent même plus la peine de soumettre une offre à l'image du Français Bouygues. L'offre chinoise semble imbattable[44] ». À notre avis, l'offre de sociétés chinoises comme la China State Construction & Engineering Corporation (CSCEC) ou la China Railway Construction (CRC) est plus attirante que celle des Français en Afrique centrale pour deux raisons principales : les bas coûts de construction et la désinformation.

Premièrement, les Chinois sont connus pour la rapidité d'exécution de leurs travaux et les prix inférieurs à ceux de sociétés privées françaises qui n'ont pas la possibilité de faire venir une main d'œuvre sur le continent. En 2013, deux sénateurs français, Jeanny Lorgeoux et Jean-Marie Bockel, sont même allés jusqu'à affirmer que la Chine remporterait 90 % des marchés de BTP en Afrique. D'où, la naissance d'une frustration grandissante. En dehors du fait d'être moins-disants, les Chinois sont souvent également accusés par la partie française de faire du

[43] https://www.lesechos.fr/21/12/2016/LesEchos/22344-060-ECH_btp---numero-deux-mondial--la-france-reste-dynamique.htm
[44] Michel Beuret, Serge Michel, *op. cit.*, pp. 49-50.

dumping[45] après avoir intégré l'économie locale des pays où il est censé y avoir concurrence.

Pour illustrer cette compétition dans le secteur du BTP, nous citerons un cas de construction d'infrastructures sportives au Gabon. En 2010, l'État gabonais avait respectivement confié la réhabilitation du complexe omnisport Omar-Bongo et du stade de Franceville aux entreprises françaises que sont Entraco et Socoba, tandis que le projet de construction du stade d'Agondjé avait été octroyé à l'entreprise chinoise Shanghai Construction Group (SCG) pour préparer la Coupe d'Afrique des Nations (CAN) en 2012. Pour le même événement en 2017, les deux constructeurs français ont été écartés en dépit du fait que la France représente le premier partenaire économique et commercial du Gabon. Pour le coup, la construction du stade de Port-Gentil a été confiée à la China State Construction Engineering Co., Ltd. (CSCEC) et celle d'Oyem à la SGC. Ici, nous avons l'exemple typique d'un consortium[46] chinois remportant un appel d'offres face à des firmes à capitaux français[47].

Deuxièmement, la Chine se sert de la désinformation pour marquer les esprits en Afrique et reléguer la France au second plan. Les premières techniques de désinformation tireraient même leurs origines de *l'Art de la guerre* de maître Sun Tzu (孫子兵法). Il s'agit notamment d'un ensemble de méthodes utilisées en économie pour influencer l'opinion publique dans le but de sauvegarder des intérêts publics ou privés durant une compétition économique. L'information peut être véhiculée à

[45] Le dumping qui vient du verbe anglais « to dump » signifie « se débarrasser ». Il peut être employé dans ce contexte pour désigner l'ensemble de pratiques commerciales déloyales permettant à une société en particulier d'échapper à certaines contraintes légales en matière de fiscalité, de protection sociale ou environnementale dans un État.

[46] Groupement d'entreprises ou d'institutions financières constitué en vue d'opérations communes.

[47] Gérald Mounomby, Can-2017 : Les entreprises françaises à l'écart au profit des consortiums chinois, *Gabon Review*, juillet 2015. http://www.gabonreview.com/blog/can-2017-les-entreprises-francaises-a-lecart-au-profit-des-consortiums-chinois/

travers divers réseaux de communication sous la forme d'une rumeur ou d'une propagande.

Dans notre cas, la Chine est généralement vue en Afrique centrale comme un pays constructeur d'exception lorsqu'on évoque sa grande muraille, ses milliers de nouveaux gratte-ciels et échangeurs. Confier un chantier aux Chinois, c'est devenu la sûreté de l'avoir rapidement pour servir les buts d'une campagne électorale ou satisfaire des besoins urbains urgents. Il est vrai qu'il y a une certaine appréhension quant à la qualité des constructions, mais les gouvernements africains veulent tellement vite rattraper leur retard qu'ils négligent ou ignorent parfois ce détail pour certains contrats. La conséquence immédiate c'est que lorsqu'un bâtiment de plusieurs étages est fini en une année, les locaux sont agréablement surpris et se sentent fiers. À partir de là, on dit que les Chinois ont encore réalisé un miracle. La nouvelle se propage rapidement à travers toute la région et influence les dirigeants lorsqu'il y a des appels d'offres. De telle sorte que de nos jours, on pense d'abord aux Chinois et ensuite aux Français pour le BTP. Toutefois, la réalité est quelque peu biaisée, car il existe plusieurs chantiers en Afrique centrale qui ont été faits en partenariat avec des entreprises françaises (on y reviendra dans la partie coopération). Et quand ce n'était pas le cas, le rôle des Chinois était soit secondaire soit minoritaire. Mais aux yeux de tous, la Chine a joué sur son retour en Afrique pour apparaître comme la championne incontestée de la (re) construction du continent.

Le Professeur Thierry Pairault fait état de cette désinformation pour le cas de l'aéroport Maya-Maya au Congo-Brazzaville dans sa traduction française d'une interview de Wang Lijun (王力钧) et Guo Yongxin (郭永新), propriétaires de Zhengwei Technique Congo (ZTC). Il s'agit ici d'une entreprise de BTP affiliée à une autre entreprise locale du Shandong, la WIETC (威海国际). Par exemple, on déclare que la Chine a construit l'aéroport (机场) toute seule alors qu'elle n'y a construit que l'aérogare (航站楼). Pairault énonce ainsi en préambule du document que :

« L'histoire du chantier de l'aéroport de Maya-Maya telle qu'elle nous est racontée est emblématique même s'il ne nous a pas été possible de connaître le montant des contrats de chaque intervenant. En revanche, ce qui ne fait aucun doute est que l'entreprise chinoise n'est chargée que du bâtiment de l'aérogare sous le contrôle d'un cabinet de conseil français (la SOCOTEC) qu'accompagne l'Aéroport de Lyon-Saint-Exupéry. Les parties techniques — entre autres les pistes destinées à accueillir et servir des avions gros-porteurs comme l'A380 — sont confiées à la filiale congolaise de VINCI. La gestion de l'aéroport a été concédée en 2011 pour 25 ans à l'AERCO dont Egis en partenariat avec l'Aéroport de Marseille (la SEGAP) détiennent 55 % des parts, tandis que l'État congolais en détient 15 % et deux actionnaires privés congolais 30 %. Exposés ainsi les faits minimisent grandement le rôle des entreprises chinoises et rappellent le poids de la présence des entreprises françaises, voire du gouvernement français puisque Egis est détenue à 75 % par la Caisse des Dépôts[48] ».

Finalement, on peut aussi noter la forte entraide chinoise sur le continent africain. Certes, il existe toujours une certaine compétition entrepreneuriale entre les différents acteurs, mais leur sens patriotique s'avère souvent être plus fort que l'appât du gain. Ce qui facilite généralement les alliances stratégiques. Et l'État chinois récompense bien cette fidélité en accompagnant financièrement et juridiquement toutes les entreprises chinoises délocalisées ou voulant se délocaliser. L'Association Internationale de Constructeurs Chinois (Chinca[49]) illustre parfaitement ce cas de figure. « Cet organisme parapublic dispose d'une structure de veille des marchés forte de 500

[48] Interview de Wang Lijun (王 力钧) et Guo Yongxin (郭永新) par Zhao Yining (赵忆宁): Discovering the Great Influence of a Private Law Firm in Congo, *The Economic Observer of the 21st Century (21 世纪经济报)*, 2017, p. 1. Version française de l'interview avec commentaires du Pr Thierry Pairault : https://www.pairault.fr/sinaf/doc/weihai.pdf

[49] China International Contractors Association—中国对外承包工程商会 est un réseau chinois d'affaires dont les membres clés sont à la fois des constructeurs, mais aussi des banques et des sociétés pétrolières importantes. La liste est consultable sur le site suivant : http://www.chinca.org/EN

personnes[50] ». Il se pose, *in fine*, une différence d'approche concernant l'accès au marché africain entre des entreprises d'État chinoises groupées et des entreprises privées françaises solitaires. L'écart se fait tellement ressentir que les entreprises françaises sont désormais plus enclines à avancer ensemble pour tenir tête à leurs rivaux chinois.

Secteur entrepreneurial

Les plus grandes parts du marché africain sont détenues par la Chine qui est actuellement le premier partenaire commercial du continent avec 178 milliards de dollars. Quant à la France, elle est revenue en seconde position en 2015 avec 70 milliards de dollars en dépassant les États-Unis qui représentent 53 milliards de dollars[51]. La reconquête de l'Afrique est-elle possible pour les entreprises françaises ? La question est d'actualité au moment où le gouvernement français semble être déterminé à effectuer la transition vers une nouvelle approche pour accompagner ses différents acteurs économiques sur le continent. Et même si ces dernières années les entreprises françaises ont entretenu une relation à distance avec l'État, elles semblent désormais plus disposées à envisager un modèle chinois à la française. Des rapports comme celui de Hubert Védrine[52] prouvent clairement que la Chine est perçue comme une menace pour l'influence économique française en Afrique centrale et sur le reste du continent. Ce danger nécessite donc de nouvelles stratégies.

> « Aujourd'hui, le coût moyen de la compétition en Afrique est de 20 % plus élevé que dans le reste du monde, à cause des coûts de l'exportation du transport et de la logistique, ainsi que de l'instabilité dans la région [...]. Pour conserver un rôle

---

[50] François de la Chevalerie, Scarlet Wang, Les succès du BTP chinois en Afrique annoncent-ils la fin du BTP français ?, *Le Moniteur*, 2007. https://www.lemoniteur.fr/article/les-succes-du-btp-chinois-en-afrique-annoncent-ils-la-fin-du-btp-francais-par-francois-de-la-chevalerie-et-scarlet-wang.410004

[51] Entretien avec Xavier Aurégan par Emmanuel Lincot, L'avenir de l'Afrique s'écrit-il en Asie ?, *Asia Focus #37 IRIS*, juin 2017, p. 8.

[52] Rapport rédigé par l'ex-ministre des Affaires étrangères de Lionel Jospin et présenté le 04 décembre 2013 à la veille du « Sommet de l'Elysée sur la Paix et la sécurité en Afrique ».

majeur, les firmes françaises doivent investir des ressources financières et humaines proportionnelles à celles de leurs compétiteurs chinois ou trouver un axe fort de différenciation[53] ».

Quand Valérie Paone dresse un tableau comparatif des avantages des entreprises françaises et chinoises par rapport au dénominateur commun : Afrique, elle y relève des similitudes et des différences[54]. En premier lieu, les deux pays ont besoin de marquer leur présence à l'extérieur, car se focaliser sur leur marché intérieur est dangereux à long terme. De chaque côté, ils ont besoin de ressources naturelles pour entretenir leur économie. En deuxième lieu, la Chine se distingue de la France par ses possibilités d'investissements, sa main d'œuvre et ses capacités de production. Toutefois, l'entreprise française reste plus expérimentée et avancée en matière de hautes technologies. Malgré tous leurs problèmes internes et externes, les entreprises chinoises ont réussi à supplanter la France dans plusieurs domaines, car elles avancent ensemble et sont financées pour la majorité par l'État chinois. Chez eux, politique étrangère et marché de la finance sont connectés pour agir en symbiose[55] .

Dans la même veine, l'analyse des projets financés par la BM sur le continent africain de 2000 à 2009 révèle que les Chinois en ont réalisé 40 % tandis que les entreprises françaises 15 %[56]. C'est pourquoi Pierre Gattaz, l'un des présidents emblématiques du Mouvement des entreprises de France (MEDEF)[57], appelle le patronat français à *chasser en meute* et à adopter une posture dénuée de paternalisme afin de faire oublier l'orgueil français devant leurs partenaires sur le continent. Il emploie même le terme de stratégie *gagnant-gagnant* dans son discours, mais tout

---

[53] Valérie Paone, L'influence de la Chine en Afrique, une alternative au post-colonialisme, *Centre Thucydide de l'université Panthéon-Assas* (Paris II, France), pp. 318-323.
[54] Valérie Paone, *op. cit.*, p. 32.
[55] Tanguy Struye de Swielande, *op.cit.*, pp. 38-39.
[56] *Ibid.*, p. 42.
[57] Créée en 1998, Le MEDEF est une organisation patronale qui représente les entreprises françaises.

en précisant que les futures actions bénéficieraient pleinement la France et surtout l'Afrique :

> « Les Africains ont besoin de tout, vous savez, ils ont besoin d'infrastructures. Alors, ils trouvent dans les Chinois et d'autres pays, des gens qui sont venus en effet avec des financements et parfois avec leurs salariés, mais moi ce que j'ai constaté, c'est que ces infrastructures ne sont pas forcément de très grande qualité. Par ailleurs, les Chinois repartent avec leurs salariés qu'ils ont amenés. Il n'y a donc pas une seule création d'emploi sur place[58] ».

En définitive, les entreprises françaises comptent donc bien se différencier de leurs rivaux chinois non pas par le nombre de leurs réalisations, mais plutôt par leur qualité tout en essayant d'homogénéiser les différentes cellules entrepreneuriales et étatiques pour regagner certains avantages d'antan dans les pays francophones d'Afrique centrale.

Secteur des exportations

Sur la base des chiffres du service des douanes françaises, on peut se faire une certaine idée de l'évolution de la part de marché des entreprises françaises en Afrique subsaharienne entre 2000 et 2010. Elle est passée de plus de 16 % en 2000 à moins de 10 % en 2010. Ce qui exprime une perte de vitesse du partenariat commercial franco-africain. Et même si rien ne prouve que cette baisse française soit directement liée à la Chine, il est toutefois fort intéressant de noter la remontée fulgurante de Pékin en l'espace d'une décennie. Déduction, dans tous les pays africains, il y a une érosion de la part de marché française[59].

Dans ces parts de marché, on peut aussi retrouver une rivalité entre l'export français et chinois en Afrique tout en gardant à l'esprit que les pays francophones au centre du continent sont

---

[58] Martin Mateso, Pierre Gattaz : l'entreprise française veut reconquérir l'Afrique sans arrogance, *Geopolis*, 2016. https://www.francetvinfo.fr/monde/afrique/pierre-gattaz-l-entreprise-francaise-veut-reconquerir-lafrique-sans-arrogance_3062159.html

[59] Jeanny Lorgeoux, Jean-Marie Bockel, L'Afrique est notre avenir, *Rapport d'information N°104 Sénat*, session ordinaire de 2013-2014, p. 282.

concernés. Dans ce secteur, la Chine est également passée en tête. Détenteurs de 29 milliards d'euros d'exportations en 2015, les Français restent certes en position, mais ils sont menacés par les chinois. Quand on prend le cas de la zone franc, la part de marché de Paris est passée de 34% en 1985 à 12% en 2015 tandis que celle de Pékin est remontée de 2% à 20%. Les causes de cette érosion sont liées à l'enracinement de l'Empire du Milieu possédant aujourd'hui 2500 entreprises en Afrique[60] .

La Chine exporte donc plus que la France en Afrique centrale. Le secret de sa réussite repose notamment sur l'adaptation de ses marchandises à une clientèle locale. Un aspect du marché africain que les entreprises françaises n'ont pas pu détecter à temps. Vendre des produits moins chers pour écouler rapidement la marchandise. C'est aussi simple que cela. Il existe certes une clientèle minoritaire capable d'acheter des produits de luxe en Afrique, mais la classe moyenne préfère des options moins chères. Elles sont certes moins durables, mais elles permettent de ne pas envier les produits français pendant un certain temps. En plus, pendant que la Chine utilisait des réseaux de distribution informelle avec sa diaspora répandue dans les marchés des villes africaines, la France se limitait à jouer un rôle d'observateur dans sa tour d'ivoire. En évitant de verser dans le pessimisme absolu Étienne Vauchez, président de la fédération des Opérateurs Spécialisés du Commerce International (OSCI) fait remarquer que le plus grand défaut des Français est de parfois ignorer les réalités du marché dans lequel ils évoluent en Afrique[61] .

De 2003 à 2015, la France est passée de 26,3 % à 10,4 % même si le SEFI émet également que le chiffre d'affaires français a augmenté ces dernières années. Toutefois, la Chine continue à creuser l'écart après être passée de 36,6 % en 2009 à 57,6 % en

---

[60] Capital, Les Entreprises françaises veulent contrer l'offensive de la Chine en Afrique, *Capital*, 2016. https://www.capital.fr/entreprises-marches/les-entreprises-francaises-veulent-contrer-l-offensive-de-la-chine-en-afrique-1120605

[61] Hermann Boko, La France perd des parts de marché en Afrique, l'Allemagne y voit un potentiel de croissance, *France 24*, 2018. https://www.france24.com/fr/20181030-france-parts-marche-afrique-allemagne-investissements-exportations

2015[62]. Une autre mise à jour de ces chiffres, qui a été donnée par Ruben Nizard de l'assureur-crédit Coface montre que les parts de marché à l'exportation de la France en Afrique ont diminué de moitié en passant de 11 % à 5 % en 2017. Le phénomène est surtout présent dans les pays francophones où la France détenait 25 % des parts de marché contre 12 % au moment de la divulgation de ces chiffres. Par contre, il note qu'entre 2001 et 2017, la part de marché chinoise en Afrique est passée de 2 % à 18 %. Elle concerne tous les domaines sauf l'Agriculture[63]. L'un de ces domaines nous permettra d'apporter une dernière preuve attestant l'existence de la compétition économique internationale entre la France et la Chine en Afrique : le système monétaire en Afrique centrale.

Secteur monétaire

Bien qu'il n'appartienne pas à notre zone d'étude, nous allons nous intéresser à un pays voisin de l'Afrique centrale qui n'est autre que la première économie du continent africain : le Nigéria. En 2018, ce pays a décidé de faire du yuan sa deuxième monnaie commerciale. Ce changement permettra notamment de réduire les pertes et risques de change. C'est à ce niveau qu'on peut relever une concurrence monétaire entre la Chine et les partenaires traditionnels de l'Afrique. Il faudrait rappeler que Pékin possédait 1900 milliards USD de réserves de change en fin 2008 et rivalisait avec le FMI et la BM[64]. Les avancées chinoises dans le système monétaire ne sont pas encore significatives, mais devraient être prises au sérieux sur le long terme. Et, le fait que le FMI ait décidé d'ajouter le yuan dans son panier des droits de tirage spéciaux a rassuré plusieurs leaders africains qui souhaitent désormais accorder plus d'importance à la monnaie chinoise en Afrique parce que la coopération

---

[62] https://www.lesechos.fr/21/12/2016/LesEchos/22344-060-ECH_btp---numero-deux-mondial--la-france-reste-dynamique.htm

[63] Anne Cheyvialle, « l'export français à la peine en Afrique, concurrencé par la Chine ». *Le Figaro*, 2018. http://www.lefigaro.fr/conjoncture/2018/08/07/20002-20180807ARTFIG00238-l-export-francais-a-la-peine-en-afrique-concurrence-par-la-chine.php

[64] Michel Beuret, Serge Michel, *op. cit.*, p. 50.

économique entre les deux parties ne cesse de se développer d'année en année.

L'organisation d'un forum économique organisé en mai 2018 à Harare (Zimbabwe) est l'un des résultats de cette décision. L'Angola y a participé comme étant l'un des pays membres de la Macroeconomic and Financial Management Institute of Eastern and Southern Africa (MEFMI)[65]. Pays d'Afrique centrale, ce dernier a aussi adopté le yuan comme deuxième monnaie en 2015. Et cette année en 2018, la Chine a lancé à Shanghai un système de payement qui permet d'effectuer les achats de pétrole en Renminbis (pétroyuans). L'Angola est donc la première nation africaine à utiliser ce service[66]. Colonisé par les Portugais, son cas touche directement l'utilisation du dollar américain, mais pourrait enclencher une tendance dans la région. Contrairement à l'Angola qui possède le Kwanza[67], plusieurs anciennes colonies françaises à l'instar du Cameroun, du Gabon, de la République du Congo, du Tchad, de la République Centrafricaine, mais aussi de la Guinée équatoriale [68] partagent une monnaie commune faite et contrôlée par le Trésor public français. Il s'agit du franc CFA qui est aujourd'hui officiellement reconnu comme le franc de la communauté financière africaine.

Créée sur un décret du Général de Gaulle le 25 décembre 1945, cette monnaie repose sur des principes qui rattachent la plupart des économies de cette zone à l'économie française qui dispose donc d'une grande influence monétaire. Un fait qui a d'ailleurs récemment provoqué de violentes contestations de la part de la jeunesse africaine qui considère cette monnaie héritée de la colonisation comme un frein au développement de la région et une insulte à la souveraineté des États concernés. En d'autres termes, le système financier de ces gouvernements est, dans une

[65] Abdi Latif Dahir, There Is Growing Momentum to Adopt China's Yuan as Reserve Currency in Africa, *QZ*, 2018. https://qz.com/africa/1291372/chinas-yuan-gets-support-from-africa-central-banks-to-replace-us-dollar-reserve/

[66] Sébastien Le Belzic, Le yuan chinois continue sa conquête de l'Afrique, *Le Monde*, 12 juin 2018. https://www.lemonde.fr/afrique/article/2018/06/12/le-yuan-chinois-continue-sa-conquete-de-l-afrique_5313670_3212.html

[67] Monnaie locale angolaise.

[68] La Guinée équatoriale a été colonisée par les Portugais et les Espagnols mais utilise le franc CFA comme monnaie locale.

certaine mesure, dépendant de Paris et le franc CFA est directement lié à l'Euro.

Ce contexte devient intéressant à analyser quand l'influence monétaire française se trouve sur le chemin des ambitions internationales de la Chine. En effet, Pékin veut rattraper son retard sur le Dollar ($), l'Euro (€) et le Yen japonais (¥). En Afrique centrale, le tout se résumerait en trois objectifs :

- Faire du yuan chinois une monnaie plus internationale ;
- Pousser les Africains à utiliser le yuan pour faciliter les transactions monétaires ;
- Échapper au contrôle du Trésor public français et aux règles de change contraignantes fixées par le FMI et la BM.

Comme illustration, nous prendrons le cas de la République du Congo. Elle servira d'exemple pour les autres pays utilisant le franc CFA.

> « Les accords que la France a passés avec le Congo sont très importants dans la mesure où structurellement toute modification de la parité entre le FCFA et le franc français (l'Euro maintenant) a automatiquement une influence sur l'économie congolaise. Les transferts de fonds, d'État à État s'opèrent via le Trésor public français puisque le Congo est membre de la zone franc[69] ».

De nos jours, l'exemple le plus récent qui vient fragiliser ces accords est sûrement le siège d'une nouvelle banque construite par les Chinois à Brazzaville. La Banque Sino Congolaise pour l'Afrique (BSCA) a été inaugurée le 10 avril 2018, mais elle était déjà en service depuis 2017. La banque agricole de Chine (ABC) détient 50 % des parts de cet établissement. L'appellation nous révèle ici que ce premier instrument financier chinois aspire à desservir toute la zone CEMAC et jouer un rôle plus important dans le paysage monétaire de la zone franc qui regroupe les pays utilisant le franc CFA. En gros, les ressortissants des pays de l'Afrique centrale peuvent désormais bénéficier de certains

---

[69] Julien Bokilo, *La Chine au Congo-Brazzaville. Stratégie de l'enracinement et conséquences sur le développement en Afrique*, L'Harmattan, 2012, p. 230.

services permettant une convertibilité plus libre et facile. Ce qui veut dire qu'il est possible de changer du franc CFA sans passer par l'euro. Ce qui atteste une compétition naissante entre la France et la Chine en Afrique centrale sur les marchés de change internationaux. Elle est certes encore faible, mais l'objectif recherché ici est de réduire progressivement l'influence monétaire de Paris sur ses clients africains.

Cette manœuvre intervient également au moment où la France se voit maintenant dans l'obligation de rassurer les pays africains sur la stabilité du franc CFA. Néanmoins, la proposition de Pékin à utiliser plus de yuans est séduisante, car elle présente plusieurs avantages pour faire des affaires avec les partenaires chinois présents sur place. Ce qui explique d'ailleurs que la République du Congo ait entamé des négociations monétaires avec la Chine en 2016 lors d'une visite d'État. Celles-ci visaient aussi une convertibilité entre le franc CFA et le yuan[70]. Sachant que le pays fait partie de la Communauté Monétaire de l'Afrique Centrale (CEMAC), cette information est toutefois difficile à valider, car le Congo obéit aux règles établies par cette institution économique régionale comme tous les États membres.

2.1.2 Aspects politiques

Comme nous venons de le voir, l'Afrique centrale occupe une place importante dans le secteur économique pour la France et la Chine. Sans les pays africains pétroliers se trouvant dans cette zone, leur développement économique serait grandement ou légèrement affecté. Dans cette rivalité économique, les politiques de chaque côté se battent pour garantir les meilleurs intérêts à leurs entreprises privées et publiques. Nous pensons donc que cette influence politique va de pair avec l'influence économique, car les meilleures occasions d'affaires pour les futurs et actuels acteurs français en Afrique centrale sont encore en grande partie garanties par les responsables africains qui restent profrançais

---

[70] Loup Viallet, « Le franc CFA, une discorde africaine : seule une minorité prétend en sortir ». *Les Echos*, 2017. https://www.lesechos.fr/idees-debats/cercle/cercle-179321-le-franc-cfa-une-discorde-africaine-seule-une-minorite-de-dirigeants-africains-pretend-en-sortir-2154303.php

même si l'engouement est désormais clairement chinois. C'est pourquoi nous allons à présent nous pencher sur les interactions les plus récentes des gouvernements français et chinois dans la région et son voisinage.

En effet, la Chine est le nouvel acteur qui dépense beaucoup d'énergie et d'argent en Afrique. Répandre la vision internationale chinoise pour réduire celle des Français n'est pas le seul objectif dans ce contexte. Selon Franck Petiteville :

> « La clientèle diplomatique que l'Afrique a fournie à la France — et plus précisément le jeu des votes qu'elle lui a apporté dans l'enceinte des Nations Unies avait l'avantage de garantir son siège de membre permanent du conseil de sécurité, d'accroître l'audience des résolutions qu'elle entendait faire adopter sur les affaires du monde, de la préserver d'attaques trop massives envers ses essais nucléaires ou ses problèmes pendants de décolonisation dans le Pacifique ou l'océan Indien. Plus généralement l'existence d'une aire continentale de prédominance française — dont témoignent par exemple la nébuleuse de la francophonie, la zone franc et les sommets franco-africains a longtemps accru le rayonnement de la diplomatie élyséenne, y compris dans le champ européen[71] ».

Ainsi, les 54 pays africains font tous partie de l'Organisation des Nations Unies (ONU) et leurs voix permettent également déjà à la Chine de faire barrage aux décisions des grandes puissances comme la France dans certaines situations. Considérée comme une seconde option, Pékin offre ainsi aux pays africains le choix de refuser quelques propositions européennes. C'était notamment le cas lors du sommet de Copenhague et du sommet de Lisbonne-UE/UA où plusieurs Africains avaient refusé de signer des accords de partenariat économiques[72]. En retour, la Chine peut aussi compter sur les voix africaines pour faire barrage aux aspirations de politique internationale d'autres pays. On peut ainsi évoquer le sommet

---

[71] Franck Petiteville, Quatre décennies de coopération franco-africaine : usages et usure d'un clientélisme, *Études internationales*, 27 (3), pp. 572-573.

[72] Henri Mova Sakanyi, La Chine en Afrique : Grammaire d'un basculement stratégique, *Dounia-CISRI*, L'Harmattan, 2010, p. 113.

Asie-Afrique en avril 2005 où le lobby chinois avait pu mobiliser des voix africaines pour bloquer l'octroi d'un siège au Japon[73].

Un changement de la politique étrangère française est nécessaire en Afrique pour rattraper le retard accumulé face à une Chine qui se présente de plus en plus comme une puissance internationale. Lors de son discours du 29 août 2017, Emmanuel Macron a clairement exprimé le désir de moderniser les relations avec les pays francophones en Afrique. Il a ainsi déclaré devant tous les ambassadeurs de France que l'avenir du monde se jouait en Afrique. Il était donc de son devoir de créer ce qu'il a appelé le *Conseil présidentiel pour l'Afrique*[74]. Une décision marquant peut-être le début d'une pluralisation des institutions à l'image de la Chine qui possède moult postes uniquement créés pour gérer les relations sino-africaines. Du côté chinois, on relève le Conseil d'État qui supervise plusieurs ministères à l'origine de la politique africaine de la Chine. Les deux plus importants étant le ministère des Affaires étrangères (MFA) dont fait partie le secrétariat du FCSA et qui possède son Envoyé spécial chinois pour l'Afrique et le ministère du Commerce (MOFCOM)[75] . Du côté français, les deux principales institutions en charge du traitement des échanges entre la France et l'Afrique sont la Caisse centrale (maintenant appelé Agence de Développement Français) de coopération économique, zone franc et le ministère de la Coopération, mais elles possèdent une faible capacité de décision[76]. Ce « conseil présidentiel pour l'Afrique » créé par Emmanuel Macron — lobby de jeunes entrepreneurs possédant à la fois la nationalité française et celle de pays africains dont la loyauté est indubitablement discutable — sera certainement avantageux et plus ouvert sur de nouvelles perspectives que la

[73] Chris Alden, Chine Afrique : facteur et résultante de la dynamique mondiale, *Afrique contemporaine 4* (n° 228), p. 124.

[74] Financial Afrik, Emmanuel Macron : Usages et usure d'un clientélisme, *Financial Afrik*, 2017. https://www.financialafrik.com/2017/08/30/emmanuel-macron-la-france-ne-saurait-etre-ce-pays-postcolonial/

[75] Anna Katharina Stahl, China's Relations with Sub-Saharan Africa, *Istituto Affari Internazionali IAI*, 2016, p. 4.

[76] Franck Petiteville, *op. cit.*, p. 589.

cellule africaine France-Afrique[77]. Cette manœuvre du président français sert notamment à faire oublier les expressions de *pré carré français* ou *chasse gardée*, car la majorité des jeunes dans les pays étudiés deviennent de plus en plus hostiles à la France à cause de son passé colonial, mais aussi et surtout à cause de son ingérence dans la politique africaine — pour ne citer que le cas de la Libye de Mouammar Kadhafi en 2011.

Cela pourrait paraître négligeable, mais les périodes entre certaines visites présidentielles possèdent souvent un sens caché. Nous osons croire que c'est le cas pour les déplacements du président chinois, Xi Jinping et du président français, Emmanuel Macron en Afrique. La France est consciente qu'elle perd progressivement la bataille diplomatique contre la Chine en Afrique sur plusieurs aspects. Elle a beau posséder de solides fondations à cause de la colonisation et de son implication sur le continent, l'influence politique dont elle jouissait après les indépendances n'est plus la même. C'est d'ailleurs la raison pour laquelle le MEDEF recommande aux pouvoirs publics français, au plus haut niveau à se déplacer régulièrement dans les pays africains pour marquer leur présence, rendre visible les diverses actions françaises et promouvoir les atouts des entreprises françaises et les valeurs de l'environnement des affaires. Même si l'économie et la politique sont deux aspects différents, dans cette compétition internationale, le MEDEF veut simplement promouvoir une nouvelle diplomatie économique qui s'articulerait autour de diplomates français prêts à défendre les intérêts des entreprises françaises[78].

Le président français a effectué sa première tournée africaine le 27 novembre 2017 au Burkina Faso, en Côte d'Ivoire et au Ghana. À travers cette tournée, Emmanuel Macron a opté pour une position un peu plus claire que celle de ses prédécesseurs à

---

[77] Cet instrument autrefois chargé de gérer les fameux réseaux africains de la France devient de plus en plus obsolète. Il aura certes permis de préserver les intérêts de la métropole après les indépendances, mais il s'avère inefficace face à l'offensive diplomatique chinoise menée en Afrique centrale de nos jours.

[78] MEDEF, Pour une politique africaine active de la France, *MEDEF & MEDEF International*, 2017, p. 4.
https://www.medef.com/uploads/media/node/0001/01/2657ac8007a3dc2be32 26ae2d658cfba167b548c.pdf

propos de l'Afrique. Il a reconnu les méfaits de la colonisation française, mais demande aux jeunes Africains de penser à l'avenir. Sa stratégie diplomatique s'est donc reposée sur ce que nous appellerons un rapport *jeune-jeune* dynamique quand il a prononcé un discours fondateur à Ouagadougou devant 800 étudiants. Ses propos rejoignent ceux de Pierre Gattaz, président du MEDEF. Il souhaiterait bâtir une relation égalitaire et moins paternaliste avec les pays africains. Ne serait-ce pas là un autre point similaire au respect mutuel et à la non-ingérence venus de la Chine ? Ce qui est sûr, c'est que ce changement de diplomatie intervient à un moment où la France met en place une stratégie pour rattraper son retard sur celle que la Chine mène depuis 2000 à travers le FCSA.

Quant au président chinois réélu le 17 mars 2018 à Pékin, il a encore prouvé son intérêt pour l'Afrique. Nous employons « encore » parce que lorsqu'il prenait le pouvoir pour la première fois en 2013, il avait effectué une première tournée africaine en Tanzanie, Afrique du Sud et République du Congo. Après avoir pris ses nouvelles fonctions, le modèle de sa seconde tournée entamée le 21 juillet 2018 ressemble à la première. Xi Jinping a visité le Sénégal, le Rwanda et l'Afrique du Sud où il a pris part au dernier sommet des BRICS. Et même si le leader chinois n'a pas mis les pieds en Afrique centrale cette fois-ci, le Sénégal reste un pays francophone influent de l'Afrique de l'Ouest qui partage encore une relation très étroite avec la France. Serait-ce une coïncidence ? Nous savons qu'après le Nord, l'Est et le Sud, la Chine veut renforcer sa présence au centre du continent qui est profondément enraciné dans la culture française. D'ailleurs, le président chinois ne le cache pas : « Nous sommes liés par des intérêts communs. Augmenter notre solidarité vis-à-vis de l'Afrique est une fondation importante de la politique étrangère chinoise [79] ». Cette série de visites stratégique vise donc l'augmentation du soft power chinois sur le continent et la

[79] La Libre Afrique, En tournée africaine, le président chinois signe des accords avec le Rwanda, *La Libre Afrique*, juillet 2018. https://afrique.lalibre.be/21937/en-tournee-africaine-le-president-chinois-signe-des-accords-au-rwanda/

réduction du soft power français — celui d'autres pays européens, des États-Unis et de pays émergents comme l'Inde.

À part des visites qui se succèdent, des agendas diplomatiques qui empruntent récemment le même mode opératoire, il faut également considérer le sommet Chine-Afrique[80] qui est un levier important de la politique étrangère chinoise contre la politique étrangère française. La Chine en Afrique capte toute l'attention médiatique et académique qu'on a parfois même tendance à ignorer et oublier qu'il existait déjà des sommets France-Afrique[81] entre les officiels français et africains depuis 1973 à l'initiative de Georges Pompidou, l'ex-président français. Tout comme le FCSA, ces sommets se passent à tour de rôle entre la France et un pays d'Afrique francophone. Mais alors que le FCSA n'est qu'à son 7e sommet, le sommet Afrique-France est à son vingt-septième.

Vingt-sept sommets contre 7 sommets, mais on peut noter que du 3 au 5 novembre 2006 lors du troisième FCSA, la Chine a pu rassembler 48 États africains. En six ans, Pékin fait donc mieux que Paris après trois décennies de France-Afrique. En gros, la Chine a réussi à diminuer de façon considérable l'influence politique française en Afrique. Cela peut notamment s'expliquer par la versatilité d'une approche française incapable d'anticiper les changements socio-économiques et politiques à l'échelle de l'Afrique au cours des deux dernières décennies. En effet, chaque président français a eu une approche différente concernant les relations avec l'Afrique centrale et le reste du continent. Un rapport du Conseil économique et social de 1993, publié par le Journal Officiel de la République Française en fait état :

> « Notre pays confronté à la profonde transformation de la donne géopolitique, semble éprouver quelque mal à remettre à plat, du moins sur le plan officiel, ses priorités d'ordre stratégique, politique, économique. Les interrogations de fond sont pourtant nombreuses. Que veut-on privilégier : une certaine conception de la solidarité entre les nations ? notre rôle de

[80] Cf. Li Anshan, Liu Haifang, Pan Huaqiong, Zeng Aiping and He Wenping, *op.cit.*, p. 15.

[81] Le sommet a été rebaptisé Afrique-France depuis 2010, car jugé trop proche de l'expression Françafrique qui donne une image néocoloniale de la France sur la scène internationale.

grande puissance sur la scène mondiale ? la francophonie ? nos intérêts commerciaux et financiers ? [...] Il est à craindre qu'on veuille tout à la fois, sans prendre en compte ni nos propres limites économiques, financières et politiques, ni les besoins réels en termes de développement de ceux-là mêmes que l'on se propose d'aider [...] Cette méthode consistant à imbriquer étroitement des objectifs au demeurant différents dans leur nature même, ne clarifie pas notre politique d'aide et de coopération[82] ».

Ce qu'il faut retenir (Image 2) c'est que la compétition politique entre la France et la Chine en Afrique centrale est observable sur deux principaux axes appartenant au champ de la politique étrangère. Le premier axe concerne la **création** d'une influence politique internationale par les deux puissances en Afrique. Cette création se fait par le biais des sommets Afrique-France vs sommets Chine-Afrique (FCSA). Ces deux instruments étatiques permettent d'améliorer respectivement la coopération bilatérale entre la France, la Chine et l'Afrique centrale dans notre cas. Le deuxième axe s'articule autour de la **conservation** de cette influence politique internationale au travers des visites diplomatiques et des tournées africaines des deux gouvernements qui obéissent à un agenda pour marquer leur présence. Nous avons ainsi comparé les derniers déplacements des deux chefs d'État en Afrique de 2017 à 2018. Hasard ? Peut-être bien que oui ou peut-être bien que non. Toutefois, nous avons constaté des similarités entre les deux tournées africaines.

Ces deux dernières visites présidentielles ne sont séparées que de 9 mois. Cela montre l'intérêt commun que les deux dirigeants portent à l'Afrique sur la scène internationale. En faisant un peu plus attention aux détails, on remarque que les visites chinoise et française suivent un modèle *2-1 vs 1-2*. En d'autres termes, pour sa première tournée africaine, le président Macron a visité deux pays francophones (Burkina Faso, Côte d'Ivoire), un pays anglophone (Ghana) et a participé au 5e sommet Union Africaine-Union Européenne à Abidjan en 2017.

---

[82] Conseil économique et social, Développement du tiers monde et croissance française, *Journal Officiel de la République Française*, 1993, p. 17.

Pour sa deuxième tournée africaine, le président Xi a effectué ses visites dans deux pays anglophones (Rwanda, Afrique du Sud), un pays francophone (Sénégal) et a participé au 10e sommet des BRICS en Afrique du Sud (Johannesburg) en 2018. Et même si le président français et certains membres de son gouvernement essayent récemment d'élargir leur champ d'action en visitant l'Afrique anglophone et lusophone, la tâche sera difficile face à une Chine déjà bien enracinée.

Image 2 : Chine-France, course diplomatique en Afrique (2017-2018)

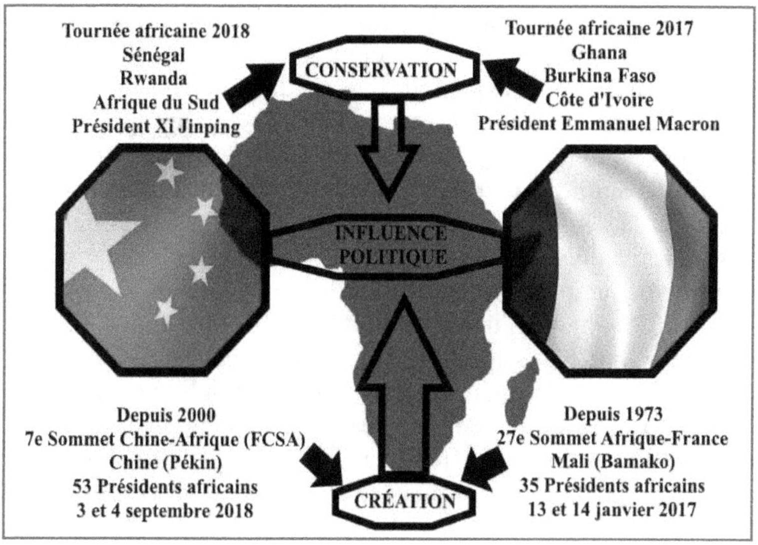

Source : Fait par Dr Nathanaël T. Niambi, 2019.

Enfin, nous dirons que la France et l'Afrique centrale possèdent des liens historiques indiscutables, mais il faudra désormais prendre en ligne de compte la Chine qui s'implante durablement dans la région. L'époque où Paris fixait une ligne de conduite à suivre est quasiment révolue. Pour les présidents africains, la Chine représente la nouvelle alternative internationale. Encore une fois, ce seront les prêts, les investissements et l'aide au développement qui détermineront leurs choix entre les deux rivaux étatiques. Mais avec sa politique étrangère actuelle, il est fort possible que la France qui fait partie de l'Union Européenne (UE) puisse continuer à voir son influence politique se réduire, car le contexte économique au-delà de la méditerranée reste morose. Les Chinois ne sont pas de passage en Afrique centrale et ils comptent bien se servir de leurs moyens financiers autant que possible pour renforcer leurs liens diplomatiques avec les partenaires africains.

2.1.3 Aspects culturels

Samuel Huntington soutient la thèse que le monde tel que nous le connaissons aujourd'hui ne serait pas caractérisé par des oppositions idéologiques ou économiques, mais plutôt par des conflits culturels[83]. Ce qui nous renvoie directement à un concept — très utilisé en relations internationales — de Joseph Nye qui n'est autre que le *soft power*[84] ou encore la *manière douce*. Ces théories s'appliquent à la compétition internationale entre la France et la Chine en Afrique centrale. Cette dernière intervient donc aussi au niveau culturel, car avant d'être reconnue comme une grande nation à travers le monde, la Chine doit soigner son image à l'étranger. L'un des aspects les plus importants de cette stratégie repose sur sa culture. Toutefois, la tâche n'est pas facile en Afrique centrale quand les jeunes rêvent d'aller visiter la tour Eiffel et parlent aussi bien le français que certains natifs. En effet, de l'administration au système juridique, les pays francophones africains fonctionnent presque entièrement sur la base du modèle français.

Afin de rattraper son retard dans ce domaine, Pékin a décidé de miser sur des stratégies de *low soft power* et de *high soft power* comme le déclare Joshua Kurlantzick[85] :

- Le *low soft power* vise les populations locales des différentes villes d'Afrique centrale. La Chine compte ainsi réduire l'influence culturelle française sur le

[83] Voir Samuel Huntington, *The Clash of Nations and the Remaking of World Order,* Simon & Schuster, 1996.
[84] Voir Joseph Nye, *Bound to Lead: The Changing Nature of American Power*, New York, Basic Books, 1990.
[85] Joshua Kurlantzick, *Charm Offensive: How China's Soft Power is Transforming the World*, Yale University Press, 2007, p. 6.

citoyen lambda par la promotion des Instituts Confucius. Celles-ci sont en partenariat avec des universités chinoises pour faciliter les échanges culturels et l'apprentissage de la langue chinoise ;

- Le *high soft power* vise la création d'une élite africaine sinophile. La Chine octroie des bourses d'études aux étudiants, des formations aux diplomates et militaires africains avec l'espoir que ces derniers seront reconnaissants et pourront défendre leurs intérêts dans leurs pays respectifs. Ce rayonnement culturel chinois en Afrique centrale menace directement l'influence de la France dans la région, mais aussi d'autres puissances occidentales[86].

Le Congo-Brazzaville qui a eu l'immense honneur de recevoir la visite du président chinois le 29 mars 2013 peut nous fournir quelques exemples.

> « Premièrement, la Chine a énormément contribué à la formation des travailleurs congolais. Plusieurs journalistes, fonctionnaires et athlètes étudient et assistent à des séminaires professionnels dans les différentes villes chinoises. Deuxièmement, Pékin octroie chaque année une trentaine de bourses d'études à des étudiants congolais. Toujours dans le secteur éducatif, en juin 2012, un institut Confucius a été créé au sein de l'Université Marien Ngouabi. Cet établissement est devenu la plateforme des échanges entre les deux pays. En 2017, grâce à des démarches administratives simplifiées, la Chine est maintenant la destination préférée des jeunes Congolais. Le taux de croissance s'élève à 10 % par année avec plus d'une centaine d'étudiants non boursiers inscrits dans les universités chinoises. Enfin, avec la bibliothèque inaugurée par le président Xi Jinping à Brazzaville, beaucoup de Congolais veulent apprendre la langue et la culture chinoises dans l'espoir de trouver un travail[87] ».

---

[86] Mamoudou Gazibo, Olivier Mbabia, La politique africaine de la Chine montante à l'ère de la nouvelle ruée vers l'Afrique, *Études Internationales*, Vol. 41, n° 4, 2010, p. 536.

[87] Nathanaël T. Niambi, Bilateral Cooperation between China and Congo-Brazzaville: The Other Side of the Ledger, *Open Journal of Political Science*, 8, 2018, pp. 231-232.

Malgré cette répartition à deux échelles, il faut retenir que la compétition culturelle entre la France et la Chine en Afrique centrale est très diversifiée. Nous avons les Instituts Confucius vs les Alliances françaises, les bourses d'études gouvernementales chinoises vs les bourses d'études gouvernementales françaises, les nouveaux opérateurs de télévision chinois vs les opérateurs de télévision français, la diaspora chinoise vs la diaspora française, etc.

En matière d'éducation, la Chine fait maintenant partie des premiers choix de la jeunesse africaine alors que ce n'était pas le cas il y a une décennie. Le MEDEF tire encore la sonnette d'alarme à ce sujet. Dans un document paru en 2017, l'organisation patronale française recommande à l'État français de « développer les passerelles avec le continent en matière d'éducation, de formation et d'employabilité[88] ».

Nous nous permettrons ici d'ouvrir une petite parenthèse pour illustrer cette situation. Un jour, nous avons eu la chance de manger aux côtés de l'un de nos professeurs chinois à la cantine de l'université. Durant notre conversation, il nous a posé la question de savoir pourquoi nous n'étions pas allés étudier en France plutôt qu'en Chine. Il a même ajouté que ce devait être facile pour les Congolais d'aller étudier en France. La vérité, c'est que beaucoup de jeunes talents africains essayent, mais finissent par abandonner ou changer d'option. À l'époque, les procédures pour obtenir un visa étudiant pour la France étaient très difficiles. En effet, nous nous rappelons encore lors des conférences d'orientation de Brazzaville que le conseiller chargé des présentations d'universités françaises aux étudiants congolais ne cessait de revenir sur un aspect : « Vous allez là-bas seulement et uniquement pour étudier et revenir ». C'est à croire qu'il mettait en garde tous ceux qui essayeraient d'envisager de rester en France pour y vivre et travailler après leurs études. Ce qui est assez drôle avec du recul. Sans prendre en compte certains aspects, tous les étudiants africains inscrits dans les universités chinoises vous diront que les Chinois leur demandent presque toujours de rester en Chine après leurs études, car il y est plus

[88] MEDEF, *op. cit.*, p. 6.

facile de gagner de l'argent selon eux. Ceci est notre expérience personnelle, mais elle traduit une part de la réalité vu qu'un rapport officiel émis par des membres du gouvernement français l'évoque comme l'une des raisons du désintéressement progressif de la France par la jeunesse africaine.

Le nombre d'étudiants se rendant en France pour poursuivre leurs études a été en baisse entre 2004 et 2010. En effet, la France a perdu 7 % des étudiants africains en l'espace de 4 ans. Un phénomène qui n'a cessé de créer un paradoxe profitant à Pékin et à d'autres pays au fil des ans. Paris semble parler la langue de bois dans ce domaine. Elle se dit être l'amie des Africains, mais ferme de plus en plus ses frontières d'où une désaffection grandissante[89]. Quant à la langue française, elle constitue l'une des raisons principales d'aller étudier en France pour les ressortissants d'Afrique centrale, mais il faudra désormais prendre en compte l'aspect professionnel. Alors que la France donnait de moins en moins de visas, la Chine a décidé de doubler le nombre de bourses octroyées aux pays africains à partir de l'année 2000. Et celles-ci offrent certaines opportunités de travail[90] . Ces réalités profitent à la Chine, car elle pourrait causer à long terme la limitation des avantages français dans les pays ciblés. Mais elle pourrait aussi affaiblir la Francophonie qui, malgré un manque d'investissements, permet encore à la France d'être largement représentée par les pays africains dans les institutions internationales.

En matière télévision, les intentions de l'Empire du Milieu sont claires. L'Afrique est d'abord un marché qui évolue tous les jours. Il y a donc moyen de se faire beaucoup d'argent en proposant des services audiovisuels. Ensuite, les médias constituent le meilleur instrument pour promouvoir une bonne image de la Chine auprès des Africains. Il y a donc moyen de populariser la culture chinoise en proposant des contenus audiovisuels chinois traduits en français ou dans les langues vernaculaires. Investir dans ce secteur, c'est faire d'une pierre deux coups. Toutefois, la Chine possédant Startimes doit

[89] Jeanny Lorgeoux, Jean-Marie Bockel, *op. cit.*, p. 290.

[90] *Ibid.*, p. 295.

rivaliser avec la France possédant Canal+[91] qui est l'un des plus grands opérateurs d'audiovisuel en Afrique centrale.

> « Pour Jacques du Puy, président de Canal+ Overseas, la division internationale du groupe Canal+ en Afrique, la taille du marché a plus de 250 millions de personnes réparties dans 23 pays où il y aura environ 165 millions de smartphones en circulation d'ici 2020. La Chine ne compte pas se laisser faire avec en l'occurrence Startimes. Les Chinois se seraient même dotés d'un centre de recherche sur la télévision et les films africains. Créé depuis ce 11 décembre 2015, l'établissement est logé au sein de l'université du Zhejiang. L'objectif du centre est d'améliorer la compréhension et la coopération avec les peuples d'Afrique. Lors du 2e Forum sur la Coopération Médiatique Chine-Afrique tenu le 16 et 17 juin 2014 à Beijing, la capitale chinoise, il a été question de "mettre en place une stratégie pour changer la mauvaise image réciproque de la Chine et de l'Afrique, image véhiculée dans le monde par les médias non africains ou non chinois"[92] ».

Nous nous arrêterons là pour marquer l'aspect culturel de la compétition entre la France et la Chine en Afrique centrale et dans certains pays voisins caractérisés par la présence française. Ce qui montre clairement que cette compétition n'est pas qu'économique ou politique vu que la Chine doit attaquer sur tous les fronts pour endosser la veste de puissance internationale. Lors du 17e Congrès du Parti Communiste Chinois, l'ex-président chinois Hu Jintao déclarait que : « l'amélioration du statut international et de l'influence internationale de la Chine doit se refléter à la fois dans le hard power (manière forte), y compris dans l'économie, la science et la technologie et le

---

[91] Le groupe français a établi un partenariat avec la société africaine iROKO spécialisée dans la distribution des contenus audiovisuels africains pour mieux pénétrer le marché africain.

[92] Amira Soltane, La Chine et les groupes français misent sur le marché africain de l'audiovisuel, *Djazairess*, décembre 2015. https://www.djazairess.com/fr/lexpression/232506

pouvoir de défense nationale et dans le soft power comme la culture[93] ».

Nous conclurons en disant que les Chinois et les Français sont rivaux, mais pas ennemis. Cette nuance est très importante. La France et la Chine ont des besoins similaires dans plusieurs domaines concernant l'Afrique centrale — l'énergie et la construction représentant les secteurs les plus dynamiques. Ces intérêts les ont souvent conduits à une concurrence directe ou indirecte. Cependant, le phénomène de la compétition s'est mis à se transformer lentement en coopération ces dernières années. Il semblerait que les deux rivaux soient en quête d'un équilibre. En fait, on peut déceler ici un rapprochement au fameux *équilibre de Nash*, car le choix actuel des deux pays est clairement influencé par des prédictions qui ne leur seront pas profitables s'ils continuent à s'affronter frontalement en Afrique centrale. En l'absence d'une meilleure stratégie, la coopération est devenue le choix par défaut que ni la Chine ni la France ne regretteront à long terme. C'est pourquoi leur complémentarité croissante intervient en ce 21e siècle.

2.2 Coopération entre la France et la Chine en Afrique centrale

Il existe des exemples de coopération entre la France et la Chine en Afrique centrale. Elle s'est le plus illustrée ces cinq dernières années, mais aussi au moment où Pékin multipliait ses investissements sur le continent dans une atmosphère plus compétitive. En d'autres termes, les entreprises chinoises et françaises ont signé des partenariats au cas par cas dans la mesure où ceux-ci étaient fructueux et nécessaires. Néanmoins, comme nous avons pu le signaler en amont, nous considérons que cette coopération franco-chinoise en Afrique a officiellement franchi un nouveau cap en 2015. En effet, c'est à partir de ce moment qu'on peut relever une véritable motivation politique de chaque

[93] Yiwei Wang, "Public Diplomacy and the Rise of Chinese Soft Power", in *The Annals of the American Academy of Political and Social Science*, March 2008, p. 258.

côté dans le but d'abandonner le schéma compétitif pour passer à un schéma coopératif des relations.

À l'opposé de la partie précédente, cette dernière a pour but de prouver l'existence d'une coopération entre les deux puissances en Afrique centrale. Celle-ci est observable à plusieurs niveaux, mais nous proposerons moins d'éléments vu le caractère graduel du phénomène dans le milieu universitaire. C'est pourquoi nous n'avons retenu que quatre angles pour prouver l'existence de cette coopération. Nous aurons donc par ordre d'importance les aspects militaires, sanitaires, économiques et politiques.

2.2.1 Aspects militaires

De tous les domaines cités, la coopération militaire est assurément celui qui a le plus de chances de rassembler la France et la Chine autour d'un intérêt commun : le maintien de la paix et de la stabilité politique en Afrique. Ce qui est tout à fait logique pour les deux pays qui renforcent leur participation économique dans la région d'année en année. Il y a donc le souci de protéger leurs investissements à l'étranger, mais aussi leur diaspora respective. Tels qu'ils se présentent, ces problèmes sont certes communs, mais ils affectent plus les Chinois dont l'implantation africaine est la plus récente. En effet, il leur est toujours difficile de comprendre le fonctionnement versatile de zones géostratégiques comme celles de la République Démocratique du Congo qui recèle des minerais importants (cobalt, coltan), celle du Sahel dont la République du Tchad (pétrole) fait partie ou encore celle du golfe de guinée par laquelle transitent une grande quantité de marchandises et de ressources naturelles. Les tensions répertoriées à ces endroits sont difficiles à saisir entièrement dans la mesure où elles sont à la fois socio-politiques et économiques.

Elles sont socio-politiques parce qu'une grande partie de la population locale s'estime être abandonnée par leurs gouvernements. Il y a un sentiment de « laissé pour compte » qui est très fort dans plusieurs pays d'Afrique centrale qui disposent de matières premières. La théorie du complot entre les puissances étrangères et locales qui garderaient tous les bénéfices des richesses tirées du sol africain ne cesse de favoriser la frustration de nombreux jeunes sans-emplois. Ce qui amène malheureusement une minorité sans éducation et facilement influençable à emprunter les chemins de la radicalisation et de la criminalité.

En premier lieu, même les Chinois qui jouissaient d'une certaine immunité africaine à leurs débuts ne sont plus épargnés à cause des mauvaises pratiques de leurs entreprises dans plusieurs pays africains. Et même si Pékin a engagé des réformes afin d'exhorter ses patrons à faire preuve de plus d'exemplarité et d'éthique professionnelle, le mal fait n'est pas toujours rattrapable en matière d'opinion publique. Ce ressentiment est souvent illustré par la troisième tournée africaine de l'ancien président chinois Hu Jintao du 30 janvier au 9 février 2007. Ce dernier avait été bien accueilli par les pays africains ciblés à l'exception d'un seul. En effet, il avait dû annuler une visite à la mine de Chambishi en Zambie où 50 ouvriers étaient morts dans une explosion à cause de problèmes de sécurité en 2005[94].

En deuxième lieu, nous avons le cas du golfe de guinée qui s'étend sur plus de 5 700 kilomètres. Les côtes de pays comme le Cameroun, le Gabon et l'Angola sont de plus en plus exposées à ce que les experts considèrent comme l'épicentre de la piraterie en Afrique après le golfe d'Alden[95].

En troisième lieu, nous avons également la menace djihadiste avec des mouvements radicaux comme celui de Boko Haram, originaire du nord-est du Nigéria. On compte des attentats perpétrés par le groupe terroriste — qui a prêté allégeance à l'État islamique du Moyen-Orient en 2015 — au Sahel, le long du lac Tchad, mais aussi dans des pays tel que le Cameroun[96].

---

[94] Courrier International, Développement. Chine-Afrique, un beau mariage ?, *Courrier International*, 2007. https://www.courrierinternational.com/article/2007/02/13/chine-afrique-un-beau-mariage

[95] Le Figaro, Le golfe de Guinée, épicentre de la piraterie, *Le Figaro*, 2016. http://www.lefigaro.fr/flash-eco/2016/10/10/97002-20161010FILWWW00193-le-golfe-de-guinee-epicentre-de-la-piraterie.php

[96] Le Figaro, Le Cameroun libère des otages de Boko Haram, *Le Figaro*, 2015. http://www.lefigaro.fr/flash-actu/2015/01/19/97001-

Finalement, au-delà de ces points s'ajoutent les troubles internes politiques des différents États d'Afrique centrale. En effet, à l'approche des élections présidentielles, ce ne sont pas que les immigrés français et chinois qui sont potentiellement en péril, mais aussi des gisements de pétrole onshore, des mines et toutes sortes d'investissements localisés sur la terre ferme. Entretemps, il y a certes moins de tentatives de coups d'État, mais le passage démocratique d'un régime à un autre demeure toujours un exercice périlleux dans la mesure où quelques politiques veulent à tout prix se maintenir au pouvoir.

Elles sont économiques tout simplement parce que cette instabilité et ces menaces à répétition de la paix dans les sous-régions peuvent faire perdre énormément d'argent à la France tout comme à la Chine et causer par la même occasion la fuite de futurs opérateurs économiques publics ou privés. Évidemment, nous n'avons fait qu'effleurer la surface de ces problèmes importants inhérents à l'Afrique, mais il était primordial de les évoquer avant d'aborder la cause principale qui aurait fait prendre conscience aux Chinois de leur vulnérabilité sur le continent. En effet, ceux-ci ont toujours martelé ne pas vouloir interférer dans les affaires internes des autres pays. Ce qui constituerait une atteinte à la souveraineté des États africains. Toutefois, le discours westphalien[97] chinois n'est plus aussi ferme qu'à l'époque où ses intérêts étaient moins importants et les défis sécuritaires moins préoccupants sur le continent. C'est pourquoi beaucoup de chercheurs corroborent la thèse du Professeur He Wenping. La crise libyenne serait la cause immédiate d'une révision de la stratégie militaire chinoise en Afrique.

Chris Alden a relevé qu'il y avait trois défis de sécurité qui ont poussé Pékin à prendre des mesures pour protéger ses intérêts économiques : la sécurité de sa réputation (la Chine est toujours

---

20150119FILWWW00192-le-cameroun-libere-des-otages-de-boko-haram.php

[97] Les traités de Westphalie ont permis d'élaborer un « système westphalien » qui est à l'origine de plusieurs concepts-clés utilisés dans les relations internationales modernes comme : l'équilibre des puissances (article CXXII) ; l'inviolabilité de la souveraineté nationale (article CXII) et le principe de non-ingérence dans les affaires d'autrui (article LXIV).

accusée de collaborer avec des États corrompus, de manque de transparence) ; la sécurité au niveau entrepreneurial (l'intérêt économique chinois dans l'environnement local et son impact sur une perception plus large des intentions de sa politique étrangère en Afrique) ; la sécurité des citoyens (augmentation des prises d'otages des ressortissants chinois contre le nombre croissant d'entreprises chinoises et de touristes en Afrique et l'effondrement de l'autorité de l'État). Mais au-delà de tout cela, c'est le printemps arabe au début de l'année 2011 ayant affecté la Tunisie, l'Égypte et la Lybie qui a fait prendre conscience à la Chine de la nécessité d'un territoire africain en paix pour mener à bien leurs diverses opérations. En effet, ses déboires en Lybie ont révélé son impuissance à protéger à la fois ses intérêts économiques et ses 35, 850 citoyens sur place au moment de la crise. Pour que ce genre de problèmes ne ressurgissent plus à l'avenir dans un pays tel que l'Angola qui réunit diaspora et acquisitions pétrolières, les responsables chinois agissent désormais avec plus de prudence[98] .

En matière de sécurité, les frontières africaines sont donc poreuses. Cela veut dire que les problèmes d'un pays peuvent facilement s'exporter vers un autre. La menace de l'Afrique de l'Ouest d'aujourd'hui peut devenir celle de l'Afrique centrale de demain. Ce qui est dangereux quand on sait que les ambassades chinoises pléthoriques localisées sur place sont souvent dans l'incapacité de fournir des rapports complets sur les zones à risque à leurs citoyens[99]. Un fait qui a longtemps été déploré par les entrepreneurs chinois qui sont parfois obligés de faire recours à des cabinets privés d'expertise occidentaux avant de démarrer une affaire sur le terrain. La Chine ne pouvait plus se contenter d'assister… Entre une image de leader mondial responsable et une image de cavalier solitaire dans la communauté internationale, elle a décidé de participer. Sa politique étrangère de non-intervention s'est donc changée en une politique plus interventionniste. C'est d'ailleurs l'origine de la fameuse

---

[98] Chris Alden, Seeking Security in Africa: China's Evolving Approach to the African Peace and Security Architecture, *NOREF Norwegian Peacebuilding Resource Centre*, Report, March 2014, pp. 3-4.

[99] Michel Beuret, Serge Michel, *op. cit.,* pp. 60-61.

Initiative on China-Africa Cooperative Partnership for Peace and Security où les Chinois financent fréquemment les missions de maintien de la paix et offrent des formations militaires à la Force africaine pré positionnée pour le compte de l'Union Africaine[100]. En plus de cela, la Chine est la nation qui participe le plus aux missions des Nations Unies en Afrique avec ses 3000 Casques bleus. Cet engagement est désormais renforcé par la présence de la première base navale chinoise à l'étranger (Djibouti) pour sécuriser ses approvisionnements par voie maritime[101]. Il y aurait des rumeurs sur la création d'une seconde base militaire chinoise en Angola avant 2020. Et si cela s'avérait exact, Xavier Aurégan soutient que si l'on ignore les propos lancés par chaque partie, les occidentaux ne sont pas totalement contre le fait que les forces militaires chinoises soient de plus en plus présentes sur le continent africain. Au contraire, ils en sont à moitié ravis, car la responsabilité de faire régner la paix pourra être partagée. Ce qui sous-entend moins d'efforts politiques et économiques de leur part[102].

Toutefois, la Chine reste prudente avec les autres membres du système comme le déclare Yun Sun. Dans le cas libyen, la France et le Royaume-Uni ont abusé de la résolution 1973[103] du Conseil de sécurité des Nations unies pour lancer des interventions militaires au-delà de leur champ d'action[104]. C'est d'ailleurs pourquoi l'État chinois préfère souvent agir financièrement ou militairement en Afrique sous le parapluie onusien ou celui de

---

[100] Steven Dorman, *China's Evolving Foreign Policy in Africa: A New Direction for China's Non-Intervention Strategy?*, Thesis defended at the Naval Postgraduate School, Monterey, California, September 2014, pp. 1–2.
[101] Michel Lachkar, La Chine installe à Djibouti, sa première base navale, *Franceinfo : Afrique*, 2016.
https://www.francetvinfo.fr/monde/afrique/djibouti/la-chine-installe-a-djibouti-sa-premiere-base-navale-a-letranger_3064509.html
[102] Entretien avec Xavier Aurégan par Emmanuel Lincot, *op.cit.*, p. 6.
[103] Cette résolution a été adoptée le 17 mars 2011 et permettait aux pays membres de l'ONU qui le souhaitaient de protéger les populations civiles et les zones civiles en Libye.
[104] Yun Sun, How China Views France's Intervention in Mali: An Analysis, *Brookings,* 2013.
https://www.brookings.edu/opinions/how-china-views-frances-intervention-in-mali-an-analysis/

l'Union Africaine plutôt que de collaborer directement avec un quelconque État. Malgré tout cela, à la longue, les Chinois n'auront plus d'autres choix que de céder à un transfert vers la coopération militaire bilatérale. Leurs moyens humains et financiers sont certes impressionnants et l'aura de puissance émanant de leur présence militaire en Afrique constitue certes une force dissuasive, mais elle manque cruellement d'expérience internationale en matière de conflits. Et en Afrique, c'est la France qui se présente comme l'acteur européen le plus dynamique sur le dossier du maintien de la paix et de la sécurité. Pourquoi la France apparaît-elle comme le choix de préférence dans le dossier sécuritaire africain ?

En première instance, tout simplement parce qu'« aucun État occidental depuis les années 1960 ne s'est autant engagé en Afrique que la France, aucune autre ex-puissance coloniale n'a entretenu dans l'ère postcoloniale un rapport à l'Afrique qui ressemble à celui que la France a cultivé[105] ». Dans son étude portant sur la politique étrangère de la France en Afrique, Daniela Kroslak signale que l'implication militaire française sur le continent était unique à l'époque :

> « C'était le seul État occidental à entretenir des bases militaires dans toute l'Afrique, avec les plus importantes à Bangui (République centrafricaine), Franceville (Gabon) et Abéché (Tchad). En plus de ces bases, la France comptait environ 9 000 soldats stationnés sur le continent. En 1997, Dumoulin (1997 : 113) affirmait qu'il y avait 1 500 hommes en République centrafricaine, 840 au Tchad, 3 425 à Djibouti, 600 au Gabon, 530 en Côte d'Ivoire et 1 500 au Sénégal. Martin avait trouvé des figures similaires en 1994. Il confirmait aussi la présence de troupes françaises en République centrafricaine (1 200), au Tchad (750), en Côte d'Ivoire (500), à Djibouti (4 000), au Gabon (800) et au Sénégal (1 200), et souligne qu'un autre groupe de 792 conseillers militaires français étaient affectés à vingt pays africains (Martin 1995 : 13). Ces troupes pouvaient

[105] Franck Petiteville, *op.cit.*, p. 573.

être déployées très rapidement en cas de troubles internes ou d'agressions extérieures contre tout État client africain[106] ».

Le tableau ci-dessous répertorie toutes les interventions françaises en Afrique centrale depuis 1960.

Tableau 1 : Interventions françaises en Afrique centrale

Années	**Opérations et pays**
1964	Rétablissement du président Léon M'ba dans ses fonctions après le putsch d'une partie de l'armée au Gabon.
1968-1972	Opérations « Limousin » et « Bison » contre la rébellion du Tibesti au Tchad.
1977	Opération « Verveine » en soutien au maréchal Mobutu contre la rébellion du Shaba.
1978	Opération « Léopard » ou « Bonite » au Zaïre et libération des 3 000 civils de Kolwezi, en quelques heures, des rebelles katangais du FLNC (Front de libération national du Congo).
1978-1980	Opération « Tacaud » au Tchad pour contrer l'avancée du Frolinat (Front national de libération du Tchad) de Goukouni Oueddei (Weddeye).
1979-1981	Opération « Barracuda » en Centrafrique qui destitue l'empereur/président Bokassa et replace David Dacko au pouvoir.
1983	Opération « Manta » au Tchad : 4 000 soldats français mobilisés en soutien au président Hissène Habré face aux rebelles de Goukouni Oueddei.
1993	Opération « Bajoyer » au Zaïre. Évacuation des ressortissants français. Kinshasa connaît des émeutes initiées par les militaires.

[106] Daniela Kroslak, *France's Policy towards Africa: Continuity or Change?*, *Africa in international politics: external involvement on the continent*, 2004, p. 77.

1996-2007	Opération « Aramis » au Cameroun, soutien de l'armée camerounaise en lutte contre le Nigeria pour le contrôle de la presqu'île pétrolière de Bakassi.
1997	Opération « Pélican » au Congo-Brazzaville pour évacuer les ressortissants étrangers durant la guerre civile.
1998	Opération « Malachite », évacuation des ressortissants français de Kinshasa.
2003	Opération européenne « Artémis » dans l'est de la RDC.
2006	Soutien à l'armée tchadienne face aux rebelles (dispositif Épervier).
2008	Protection de l'aéroport de Ndjamena et évacuation des ressortissants français au Tchad.
2008	Opération européenne Eufor Tchad-RCA, dissoute en 2009

Source : Jeanny Lorgeoux, Jean-Marie Bockel, *op.cit.*, pp. 257-258.

En deuxième instance, La France a non seulement pris part à plusieurs conflits africains, mais aussi participé à la formation de plusieurs hauts gradés militaires des pays d'Afrique centrale[107]. Sa vieille coopération militaire avec le continent lui a ainsi permis d'exercer une forte influence au sein des armées locales dans une région qui a été longtemps caractérisée par des interventions militaires de longue durée à cause des ressources naturelles[108]. La puissance européenne ayant tenté de maintenir une stabilité politique dans la région pour la protection de ses intérêts et qui continue à vouloir le faire, c'est bien la France[109].

On comptait 30 000 militaires pré positionnés en Afrique en 1960 à la période des indépendances. Au fil des années, il y a eu un retrait progressif des forces françaises du continent, mais la

[107] Danièle Domergue, Coopération et interventions militaires en Afrique : la fin d'une aventure ambigüe ?, *Presses Universitaires de France*, Guerres mondiales et conflits contemporains No. 191, octobre 1998, p. 119.

[108] Danièle Domergue, *op.cit.*, p.124.

[109] *Ibid,* p. 133.

France reste bel et bien le premier partenaire militaire du continent et un partenaire stratégique comme l'attestent des opérations telles que *Serval* au Mali. En 2013, il y avait 3217 soldats français enregistrés sur le continent. Paris veut clairement continuer à jouer un rôle militaire en Afrique, mais elle est réticente à intervenir seule à cause des critiques de la communauté internationale sur les retombées controversées de ses interventions. Mais surtout, elle manque de moyens financiers pour maintenir une présence accrue. Les sénateurs français Lorgeoux et Bockel le signalent dans leur rapport :

> « La diminution constante des crédits consacrés à la formation et à la coopération militaire française en Afrique crée un hiatus de moins en moins tenable entre notre volonté politique affichée de faire émerger des capacités africaines de sécurité et la réalité de notre action. Depuis 2006, le budget d'intervention de la Direction de la coopération de sécurité et de défense a diminué de moitié. La diminution des moyens de coopération militaire au cours des huit dernières années, en termes de budget comme de coopérants, nuit à la crédibilité de notre posture comme aux résultats obtenus[110] ».

On peut citer en exemple la force du G5 Sahel[111] créée en 2014. Cette structure a été renforcée en 2017 par l'Alliance Sahel dont les chefs de file sont le duo franco-allemand formé par le président Macron et la Chancelière Merkel[112]. L'idée est de faire participer financièrement tous les principaux partenaires multilatéraux et bilatéraux des cinq pays. Le président français très actif en Afrique effectuera même en 2018 une tournée africaine de trois jours en passant par Nouakchott où se tenait le

---

[110] Jeanny Lorgeoux, Jean-Marie Bockel, *op.cit.*, p. 341.

[111] Le G5 Sahel, dont le siège se trouve à Nouakchott en Mauritanie, regroupe 5 États du sahel (Mauritanie, Mali, Burkina Faso, Niger, Tchad) avec le suivi de l'Union Africaine dans le but d'assurer une coopération en matière de développement et de sécurité. Mais ce sont les défis sécuritaires qui sont le plus souvent mis en avant parce que cette région située entre des zones désertiques est souvent exposée à la menace djihadiste.

[112] G5 Sahel Joint Force and the Sahel Alliance, *French Foreign Diplomacy*, 2017.
https://www.diplomatie.gouv.fr/en/french-foreign-policy/defence-security/crisis-and-conflicts/g5-sahel-joint-force-and-the-sahel-alliance/#

31e sommet de l'Union Africaine pour parler de sécurité dans les sous-régions. Malgré ce nouveau partenariat de développement et cette motivation française, la somme que requiert cette zone pour lutter efficacement contre la criminalité et le terrorisme a du mal à être rassemblée. « […] Sur les 414 millions d'euros promis, "seulement 500 000 euros versés par le Rwanda ont été réceptionnés". Les 50 millions annoncés par l'Europe ? "L'enveloppe dort toujours dans les caisses de l'agence Expertise France, chargée de les gérer"[113] ».

Il se crée ainsi une complémentarité entre la France et la Chine en Afrique centrale et sur toute l'étendue du continent africain en matière de coopération militaire. Ajouté à cela, les deux pays sont membres permanents du conseil de sécurité de l'ONU. D'un côté, on a la France qui possède l'expérience militaire et plusieurs bases en Afrique, mais malgré le dynamisme qu'elle affiche sur le volet du maintien de la paix et de la sécurité, elle est désormais rattrapée par la dure réalité. Il lui manque de l'argent. D'un autre côté, on a la Chine dont les intérêts et les citoyens se multiplient sur le territoire africain. La création d'une base navale à Djibouti s'inscrit dans le cadre de la mise en place d'une image de puissance maritime internationale, mais ce n'est pas suffisant pour protéger ses intérêts grandissants. Sur cette *terra incognita* aux enjeux économiques multiples, il est mieux d'avoir un guide aguerri pour éviter de voir la zone devenir instable comme celle du Moyen-Orient. Maintenant que les deux pays possèdent des bases militaires sur le continent, ils peuvent joindre leurs forces sur le terrain et intervenir rapidement et efficacement pour protéger à la fois leurs ressortissants et les populations locales victimes des conflits armés. L'illustration concernant le besoin de cette collaboration franco-chinoise en Afrique est donnée par l'attaque lancée contre le camp MINUSMA[114] à Gao au Mali. Au cours de cet assaut terroriste,

---

[113] Maria Malagardis, Macron, un Africa tour plus sécuritaire qu'humanitaire, *Libération*, juillet 2018. https://www.liberation.fr/planete/2018/07/01/macron-un-africa-tour-plus-securitaire-qu-humanitaire_1663306

[114] La Mission multidimensionnelle intégrée des Nations unies pour la stabilisation au Mali a pour objectif d'aider le pays à lutter contre la menace islamiste.

le casque bleu Chinois Shen Liangliang (申亮亮) y a perdu la vie le 31 mai 2016. C'est sûrement pourquoi le président chinois Xi Jinping a bien voulu montrer son engagement face au terrorisme en Afrique durant la première visite d'État en Chine d'Emmanuel Macron en 2018. Le président français a déclaré à l'issue de leur rencontre que « Nous sommes également d'accord pour travailler ensemble au renforcement du G5 Sahel ». La Chine devrait donc épauler la France et contribuer au financement de cette structure militaire africaine, mais aucun chiffre et aucune date n'a été donné par les deux présidents réunis à Pékin[115].

2.2.2 Aspects sanitaires

L'exemple de collaboration bilatérale entre la Chine et la France à propos d'une situation africaine particulière donné ci-dessus n'est pourtant pas un cas isolé. En marge de cet accord, le président Xi et son homologue français ont fait une autre déclaration commune : « La Chine et la France conduiront des recherches de pointe conjointes sur les maladies infectieuses et émergentes, en s'appuyant sur le laboratoire P4 de Wuhan[116] ». Cet accord a certes une portée mondiale, mais il concerne particulièrement l'Afrique lorsqu'on sait que la lutte contre le Virus Ebola — qui avait refait surface en République de Guinée en 2013 avant de se répandre en Afrique de l'Ouest — se retrouvait au cœur de la stratégie chinoise selon Sébastien Le Belzic. Pékin a dépensé plus de 121 millions de dollars pour lutter contre l'épidémie, mais aussi renforcer ses liens avec les pays africains les plus touchés (Guinée, Sierra Leone, Liberia). Le Chef de la diplomatie chinoise, Wang Yi (王毅), n'a d'ailleurs pas cessé de déclarer que son gouvernement n'était pas de passage dans la résolution de cette crise sanitaire. Son discours servait ainsi de rappel, car d'après le ministre des Affaires

---

[115] Romain Brunet, Le partenariat France-Chine en Afrique déterré par Emmanuel Macron, *France 24*, 2018. https://www.france24.com/fr/20180110-france-chine-afrique-emmanuel-macron-xi-jinping-partenariat-afd-developpement-climat

[116] Xinhua, Le laboratoire P4 de Wuhan : la coopération médicale sino-française, *Xinhua*, 2018.
http://french.xinhuanet.com/2018-05/10/c_137169033.htm

étrangères chinois, les pays occidentaux n'auraient pas assez aidé les pays touchés. Appuyant ainsi dans la foulée le fait que plusieurs ouvriers chinois sont les seuls à être restés en Guinée pour finir les travaux d'un barrage hydro-électrique par la China International Water & Electric Corp. (CWE)[117].

Mais loin du discours humanitaire, ce qui motiverait les Chinois à participer activement à l'élaboration de vaccins et de médicaments contre les maladies infectieuses et émergentes, c'est le risque de propagation de maladies africaines. Les échanges économiques sino-africains s'accompagnent aussi d'échanges humains. Il s'avère qu'en matière de sécurité biologique, la France est certainement le pays le plus avancé au monde. En effet, les laboratoires de type P4 ou BSL4 (Biosafety Level 4) dont les mesures de sécurité permettent d'abriter des micro-organismes pathogènes tels que le virus Ebola pour les étudier et élaborer des solutions ne sont pas nombreux. C'est d'ailleurs au Centre National de Référence (CNR) des fièvres hémorragiques virales au laboratoire P4 Inserm Jean Mérieux que le Français Sylvain Baize et son équipe ont été les premiers à trouver l'origine de l'épidémie de la Guinée-Conakry en 2013 [118]. Cette découverte a entre autres permis d'accélérer l'ouverture du premier laboratoire P4 de la Chine à Wuhan. On peut noter l'existence de l'Institut Pasteur de Shanghai-Académie des Sciences de Chine (IPS-CAS) créé en 2004, mais le laboratoire P4 de Wuhan reste à ce jour le plus important exemple de la collaboration médicale sino-française en rapport avec l'Afrique centrale, car il faut rappeler que la République Démocratique du Congo — considérée comme le

[117] Sébastien Le Belzic, Quand Ebola se retrouve au cœur de la stratégie chinoise en Afrique de l'Ouest, *Le Monde*, 2015. https://www.lemonde.fr/afrique/article/2015/10/12/quand-ebola-se-retrouve-au-c-ur-de-la-strategie-chinoise-en-afrique-de-l-ouest_4787582_3212.html

[118] Interview de Sylvain Blaize par Ivanhoé Govoroff et Inès Benghezala, Le virus Ebola s'est retrouvé à 2500 kilomètres de sa zone habituelle de circulation, *Libération*, 2014. https://www.liberation.fr/terre/2014/04/04/le-virus-ebola-s-est-retrouve-a-2500-kilometres-de-sa-zone-habituelle-de-circulation_993194

berceau du virus en 1976 avec la souche « zaïre » — a enregistré son neuvième cas d'épidémie en 2018 en l'espace de 40 ans[119].

Le Gouverneur de la Province du Hubei, Wang Xiaodong (王晓东) ; le vice-président de l'Académie des Sciences de Chine Zhang Yaping (张亚平) ; l'Ambassadeur de Chine en France Zhai Jun (翟隽) et le premier ministre français Bernard Cazeneuve ont effectué une visite du laboratoire P4 de Wuhan en 2017. C'est à cette occasion que ce dernier avait promis que la France investirait 1 million d'euros chaque année pour soutenir les recherches scientifiques du Lab P4. Après la pose de la première pierre en 2011, le laboratoire a été construit par l'Académie des sciences de Chine et la municipalité de Wuhan. C'est en 2015 que l'édifice a été inauguré et c'est en 2018 lors de la visite d'Emmanuel Macron que le laboratoire a été mis en service[120]. Un effort qui a pu être réalisé grâce aux transferts de technologie de la partie française à la partie chinoise. L'engagement récemment pris par les deux présidents promet donc plus de coopération dans le domaine sanitaire qui profitera d'une manière ou d'une autre à toute l'Afrique.

2.2.3 Aspects économiques

Lors d'une rencontre entre des représentants français, africains et chinois organisée à Pékin le 13 avril 2016, Sybille Dubois Fontaine Turner, directrice générale du Comité France-Chine, affirmait que les cas de coopération économique entre la France, la Chine et l'Afrique n'étaient pas un fait nouveau. Nous nous baserons sur cette intervention pour présenter les aspects économiques de la coopération France-Chine.

---

[119] Tanguy Berthemet, Le virus Ebola frappe à nouveau au Congo-Kinshasa, *Le Figaro*, 2018. http://www.lefigaro.fr/international/2018/05/09/01003-20180509ARTFIG00199-le-virus-ebola-frappe-a-nouveau-au-congo-kinshasa.php

[120] French.China, Le Laboratoire P4 de Wuhan : la coopération médicale sino-française, *French.China*, 2018. http://french.china.org.cn/china/txt/2018-04/18/content_50906146.htm

Les cas de coopération économique entre la France et la Chine avant 2009 sont nombreux dans le monde. On peut citer l'arrangement qui fait de ZTE le fournisseur mondial d'équipement d'Asymmetric Digital Subscriber Line (ADSL) pour France Telecom en 2005. Et l'on sait que France Telecom occupe une place importante dans l'industrie des télécommunications en Afrique francophone. On a également le cas des joint-ventures (coentreprises) comme celle d'Alcatel-Shanghai Bell (ASB) en 2002. Encore faut-il rappeler que ce genre de collaboration se passe entre des compagnies privées et publiques dans le cas de la Chine et de la France. Toutefois, la liste des compagnies publiques chinoises est de loin plus longue que celle de la France. Il faut dire que même lorsqu'elles sont privées, les patrons chinois sont étroitement liés à leur État qui contrôle ou fait pratiquement partie de toutes les structures économiques chinoises présentes à l'étranger. Ce n'est pas le cas pour la partie française qui est presque entièrement privée. Celle-ci jouit donc d'une totale liberté de manœuvre même si l'État reste impliqué dans l'implantation des plus grosses compagnies à l'extérieur. Afin de montrer l'existence de cette collaboration économique en Afrique centrale, nous nous concentrerons sur quelques multinationales françaises et chinoises qui n'ont pas attendu de rapprochement diplomatique entre la France et la Chine pour établir des partenariats qui pouvaient générer de fructueux bénéfices sur le territoire ciblé. Nous nous appesantirons en l'occurrence dans le secteur du pétrole, de la construction et le secteur bancaire qui sont les plus importants en ce moment.

Secteur pétrolier

Explorer de nouveaux champs de pétrole est un risque financier à prendre pour les petites et grandes compagnies pétrolières. Le premier objectif d'un homme d'affaires c'est de minimiser les risques financiers et maximiser les bénéfices. Dans le cas d'une entreprise à capitaux privés, il est très fréquent de voir celle-ci faire un appel d'offres pour chercher des partenaires avec qui coopérer afin de réduire ses pertes en cas de problèmes. C'est notamment le cas de la multinationale Total qui n'échappe pas à cette règle en Afrique centrale. Nous avons précédemment vu que celle-ci souffrait de la concurrence chinoise sur le continent, mais ce n'est pas toujours le cas. Nous avons des pays où ce géant français du pétrole mondial n'a pas ignoré les zones de complémentarité avec les acteurs chinois. En 2004, le président Hu Jintao s'était rendu au Gabon pour garantir un contrat de 1 million de tonnes de pétrole par an entre Tang Suxin de UNIPEC avec la branche Total Gabon[121]. La Chine est consciente qu'il lui est impossible de faire disparaître les compagnies françaises d'Afrique centrale. Ne pouvant pas toujours acquérir tous les champs pétroliers, l'un des moyens qu'ils ont trouvés pour marquer leur présence est justement d'intervenir en sous-traitance avec les entreprises françaises. Malgré une certaine méfiance, ce genre de coopération a permis aux Chinois de bénéficier d'un transfert de technologie et d'améliorer leur réputation en matière de qualité de services auprès des Africains. C'est une question de solvabilité. En acceptant des tâches dont les Français ne voulaient pas particulièrement s'occuper, l'Empire du Milieu a signé de nombreux accords de partenariat. De leur côté, les entreprises françaises n'ont pas toujours été réticentes. La présence chinoise est certes concurrentielle, mais pas toujours mauvaise pour les affaires. Julien Bokilo, spécialiste congolais de la Chine en Afrique souligne :

> « En 2005, Pékin obtient pour la société chinoise Sinopec des droits d'exploitation portant sur les champs offshore Marine 12 et Haute Mer. Cette société chinoise conclut un accord avec Total Congo. Nous ne pensions pas voir un jour une société chinoise coopérer sur l'énergie avec le partenaire historique d'un des pays considérés comme chasse gardée de la France en Afrique. En 2006, le Congo devient le troisième fournisseur du pétrole de la Chine après l'Angola et le Soudan. Brazzaville signe le 25 juin 2007 un contrat de partage de production de permis de recherches pétrolières, dit Kayo au sud du Congo[122] ».

---

[121] Institute of Developing Economies Japan External Trade Organization (IDE-JETRO), *op.cit.*, p. 40.
[122] Julien Bokilo, *op.cit.*, p. 179.

Un partage qui montre que si dans un pays comme l'Angola, Total peut être négligé au profit des acteurs chinois à cause de raisons politiques, dans des pays comme la République du Congo, il y avait un environnement propice à tous les investisseurs étrangers. Bien qu'il ne concerne pas l'Afrique centrale, on peut également citer un exemple réussi de coopération tripartite entre Total (France), Tullow (United Kingdom) et CNOOC (Chine) dans l'exploration et l'exploitation du gaz et pétrole naturels au lac Albert en Uganda[123].

Et dans le cadre des plus petits acteurs économiques, He Wenping pense que les PME chinoises accordent peu d'importance aux échanges diplomatiques entretenus par leur pays avec d'autres. Elles sont prêtes à tout pour diversifier leurs activités et avoir accès au financement. Rencontrer des partenaires étrangers et développer des collaborations tripartites font clairement partie de leurs objectifs[124].

Secteur de la construction

Dans le secteur de la construction, nous avions déjà cité le cas de l'aéroport de Maya-Maya (Congo-Brazzaville) dans le volet de la compétition. Un exemple qui montrait que malgré l'image souvent véhiculée par la Chine, elle n'était pas la seule dans le secteur des constructions en Afrique. C'est indéniable qu'elle remporte plusieurs chantiers par le biais de son réseau d'entrepreneurs, mais les Chinois ne sont pas toujours en mesure de satisfaire les demandes et de répondre aux critères locaux correspondant aux modèles urbains de type occidental. Afin de relever la coopération entre la France et la Chine dans le secteur de la construction, nous prendrons le cas du port de Kribi au

---

[123] Chris V. Nicholson, "Tullow Sells Stakes in Ugandan Project to Total and Cnooc", *Dealbook New York Times,* 2011. https://dealbook.nytimes.com/2011/03/30/tullow-sells-cnooc-and-total-stakes-in-uganda/

[124] He Wenping, Martina Bassam, Jean J. Gabas & Thierry Pairault, « Compte rendu du séminaire Présences Chinoises en Afrique », *EHESS*, février 2016. https://www.pairault.fr/sinaf/index.php/component/content/article?id=782

Cameroun[125]. C'est un chantier qui a été confié à l'expertise française et à d'autres entreprises occidentales il y a très longtemps, mais qui n'a jamais abouti. Il faudra attendre l'arrivée de la société chinoise China Harbour Engineering Company Ltd (CHEC) pour voir le rêve devenir réalité pour le gouvernement camerounais. Nous pouvons noter deux phases très intéressantes à propos de ce projet. Celles-ci illustrent justement un passage de la compétition à la coopération entre des constructeurs chinois et français.

Lors de la première phase, nous notons des frictions, car selon les propos de Xu Huajiang (许华江) directeur général du Centre de gestion pour la région d'Afrique centrale de la CHEC :

> « Certaines entreprises françaises ont réagi notamment par le biais de cabinets de conseils en faisant pression sur le gouvernement, en s'interrogeant sur les capacités de la CHEC. Les médias locaux aux mains des entreprises françaises ont répandu l'idée que le Cameroun avait confié le projet à une "entreprise incompétente". Les Européens ont eu vingt ans pour promouvoir ce projet, ont rédigé deux ou trois versions du plan directeur et huit études techniques. Nous, nous avons établi gratuitement un plan directeur, ce qui a laissé le gouvernement du Cameroun sans voix[126] ».

Lors de la deuxième phase, nous notons que malgré la présence d'une certaine rivalité, il y a un pragmatisme chinois qui n'hésite pas à faire recours aux entreprises françaises pour certains secteurs d'activités. Malgré la difficulté d'accès aux capitaux étrangers pour les entreprises françaises, M. Xu avoue que l'expérience française est indéniable. Ses compatriotes sont encore loin d'avoir la même proximité avec les locaux africains

---

[125] Le port en eaux profondes de Kribi donne sur l'océan atlantique. Les travaux de sa construction ont été lancés le 27 décembre 2010.

[126] Interview de Xu Huajiang (许华江) par Zhao Yining (赵忆宁), "Cameroon Is the Largest Beneficiary of Cooperation to Develop a Third-Party Market", *The Economic Observer of the 21st Century (21 世纪经济报)*, 2017, p. 5. Version française de l'interview avec les commentaires du Pr Thierry Pairault : https://www.pairault.fr/sinaf/doc/xhj.pdf

d'où la nécessité de complémentarité[127] . Cet aveu de M. Xu expose le fait que la CHEC a fait appel à des partenaires français tels que le groupe Artelia pour la conception d'un modèle d'analyse des vagues. De son point de vue, les Chinois rencontrent plusieurs difficultés pour faire valoir leurs travaux. En Afrique centrale, les normes françaises sont coûteuses, mais jugées plus solides et durables : problèmes de qualité. C'est pourquoi les gouvernements locaux ont tendance à demander aux constructeurs chinois de les appliquer. Et le meilleur moyen de le faire reste encore de coopérer avec la France en dépit de certaines rivalités inévitables.

Secteur bancaire

Nous avons énormément évoqué le fait que la France manquait d'argent et que la Chine qui devait investir à l'étranger se présentait comme le partenaire idéal. Qu'il s'agisse de financement ou de cofinancement entre la France et la Chine, ils sont réalisés par les banques publiques chinoises et les banques publiques et privées françaises. On peut donc en déduire qu'à la fin de chaque contrat, les deux parties font intervenir au moins une grande institution financière ou une filiale de celle-ci pour s'occuper de gérer un fonds commun ou d'accompagner les différentes transactions financières dans le respect des règles du système bancaire de chaque pays. La coopération bancaire entre la France et la Chine pour traiter les dossiers africains est donc une réalité. On peut citer quelques exemples comme l'Industrial and Commercial Bank of China (ICBC), le Fonds souverain chinois CIC, l'Asian Infrastructure Investment Bank (AIIB), la Caisse des Dépôts et Consignations de France (CDC) ; l'Agence Française de Développement (AFD), etc. Toutefois, la coopération des acteurs du milieu bancaire chinois et français ne se limite pas qu'à ce cadre.

En Afrique centrale, on note par exemple un cas très intéressant de partenariat bancaire franco-chinois. La Société Générale a mis en place un service spécial géré par des conseillers chinois francophones. Il s'agit du *China desk* qui

---

[127] Interview de Xu Huajiang (许华江) par Zhao Yining (赵忆宁), *op.cit.*, p. 8.

permet d'orienter les Chinois dans certaines démarches financières. La banque française a lancé ce service en 2014 au Cameroun et le propose désormais dans plusieurs pays. En Afrique, l'objectif est « de nouer des contacts et de faire des affaires avec les entreprises de l'Empire du Milieu, en pleine expansion. Plus de 10 000 entreprises chinoises s'y seraient implantées, selon un rapport publié, en 2017, par le cabinet McKinsey [128] ». La Société Générale est une multinationale française spécialisée dans l'investissement bancaire et les services financiers qui fait partie des trois premières banques de France. Comme on peut encore le voir, les acteurs privés français n'hésitent pas aussi à tendre la main à la partie chinoise qui vient s'installer en Afrique. Les conseillers responsables de ce service maîtrisent les deux langues et permettent de briser la barrière linguistique entre les deux parties en matière de paiements locaux, de change, de transferts d'argent, etc. Pour Sophie Zhang qui est basée au Sénégal : « Nous sommes la seule banque à avoir généralisé ce service de "China desk". C'est un vrai atout vis-à-vis des groupes chinois. Ils nous approchent naturellement, car ils sont plus à l'aise avec un conseiller chinois : nous parlons la même langue, et nous partageons des habitudes culturelles. Cela crée de la confiance[129] ».

2.2.4 Aspects politiques

Comme nous l'avons vu en amont, les aspects économiques sont étroitement liés aux aspects politiques. C'est la même chose concernant la coopération sino-française en rapport avec l'Afrique, mais nous nous efforcerons de distinguer les échanges économiques faits par les officiels de chaque bord de ceux faits par des acteurs économiques non rattachés à l'État ou très peu.

> « Il y a quelques années, il ne fallait pas évoquer la présence chinoise en Afrique aux diplomates du Quai d'Orsay. Sourde

---

[128] Véronique Chocron, « En Afrique, Société Générale recrute des conseillers chinois », *Le Monde*, décembre 2018.
https://www.lemonde.fr/economie/article/2018/12/04/en-afrique-societe-generale-recrute-des-conseillers-chinois_5392465_3234.html
[129] Véronique Chocron, *op.cit.*

aux appels du pied de Pékin, Paris voulait faire cavalier seul sur le continent et surtout garder la main sur son pré carré. Mais les temps ont changé. La Chine est devenue incontournable en Afrique et les diplomates français ont fini par accepter de coopérer avec les Chinois[130] ».

À savoir qui de l'État chinois ou de l'État français a décidé, de faire le rapprochement n'est pas très important. C'est pourquoi nous adopterons une vision personnelle à ce niveau. Nous distinguerons d'abord cinq étapes de coopération entre la France et la Chine en relation avec l'Afrique francophone et par ricochet l'Afrique centrale. Afin de montrer l'existence de ce passage de la compétition à la coopération entre la France et la Chine au niveau politique ou diplomatique, nous appliquerons ensuite une approche chronologique en faisant une analyse des éléments de coopération des plus anciens aux plus récents.

Année d'apparition

Nous considérerons que les échanges politiques entre la France et la Chine ont commencé à véritablement évoluer à partir du premier mandat du président chinois Xi Jinping en 2013. Avec un esprit plus ouvert, les Français ont commencé à réaliser qu'ils pouvaient travailler sur les dossiers africains avec des partenaires chinois. De son côté, le président Xi, en plaçant l'Afrique au cœur de sa première tournée mondiale et en lançant le projet titanesque de la Ceinture et la Route (OBOR), était clairement disposé à établir des relations accrues avec les pays occidentaux.

Année d'évaluation

C'est donc à partir de 2014, l'année du 50e anniversaire des relations diplomatiques entre la France et la Chine que le président Xi s'est rendu en France pour une visite d'État. Un événement important dans la trame de cette transition de la compétition vers la coopération qui a permis aux deux parties de

---

130 Sébastien Le Belzic, « La Chine et la France dans un ménage à trois avec l'Afrique », *Le Monde*, 2015.
https://www.lemonde.fr/afrique/article/2015/02/09/la-chine-et-la-france-dans-un-menage-a-trois-avec-l-afrique_4572735_3212.html

confirmer si leurs sentiments étaient partagés. Cette visite aboutira à une déclaration commune sur un plan de coopération à moyen et long terme des relations France-Chine. Celui-ci comporte 15 points tels que : la politique ; les questions internationales et globales ; la lutte contre le changement climatique et protection de l'environnement ; la défense et la sécurité ; les questions économiques et commerciales ; les affaires fiscales et financières ; le nucléaire civil ; les échanges humains et culturels ; etc. Il s'agit avant tout d'avoir un partenariat global et stratégique franco-chinois, mais lors de cette visite l'ancien président français François Hollande a publiquement exprimé le souhait d'établir une collaboration plus importante entre la France, la Chine et l'Afrique devant son homologue :

> « La Chine est présente en Afrique, elle y investit. Elle contribue au développement. Je souhaite que la France et l'Afrique puissent agir ensemble, parce que l'Afrique c'est un continent d'avenir. Nous devons lutter contre le terrorisme, mais nous devons aussi nous mobiliser pour le développement et la croissance du continent africain[131] ».

Et lorsqu'il entrait en fonction en septembre 2014, l'Ambassadeur de France en Chine, Maurice Gourdeau-Montagne a réitéré les ambitions françaises de faire équipe avec la Chine en Afrique dans une interview donnée au journal *Global Times*[132].

Année de concrétisation

L'Afrique est un continent d'avenir, le slogan français à la mode a été bien accueilli par les Chinois. En effet, c'est après plusieurs visites, plusieurs événements, plusieurs échanges qu'en juin 2015, le premier ministre chinois s'est finalement rendu en

---

[131] « République Française, Seconde déclaration conjointe de M. François Hollande et de M. Xi Jinping », *Ambassade de France à Pékin*, 2014. https://cn.ambafrance.org/Seconde-declaration-conjointe-de-M-Francois-Hollande-president-de-la-Republique-et-de-M-Xi-Jinping

[132] Jean-Pierre Cabestan, "France-China Cooperation in Africa: The Emergence and the Limits of a New Initiative", *op.cit.*, p. 4.

France pour effectuer un nouvel accord qualifié d'historique entre les deux pays. Il s'agit de la première déclaration conjointe sur les partenariats franco-chinois en marchés tiers. Le traité a été signé entre le 29 et le 2 juillet par Li Keqiang et Manuel Valls où l'on peut aussi noter la présence du président sénégalais Macky Sall à Paris. Ce traité pose les jalons d'une coopération sino-française mondiale, mais qui s'articulera énormément sur l'Asie et l'Afrique. L'idée générale de cet accord dans le contexte africain est de favoriser les deux pays à travailler ensemble sur les projets dans le domaine des infrastructures et de l'énergie pour permettre aux pays africains d'améliorer leurs économies. Pour les Chinois, il s'agit donc de renforcer leurs bases en Afrique subsaharienne et centrale où leurs investissements sont encore moins importants qu'en Afrique de l'Est. C'est donc une opportunité de bénéficier de l'expertise française qui date de la période coloniale. Pour les Français, il s'agit de profiter du cofinancement et du réseau d'affaires chinois grandissant sur le territoire africain. Pour les Africains, les besoins sont trop nombreux pour tous les énumérer ici. Mais on retiendra que pour une partie, voir la France et la Chine coopérer peut apporter un certain réconfort sur la qualité et le respect de l'environnement dans les différents projets qui seront menés par les deux.

Années d'expérimentation

De 2016 à 2017, la France et la Chine sont entrées dans une phase d'harmonisation des terrains de coopération pour déterminer les secteurs les plus porteurs. Il s'agissait donc pour les deux acteurs d'accorder leurs violons sur ce qui avait été fait ; n'avait pas été fait ; devait être fait et ce qui pourrait se faire en Afrique. Bien évidemment, ces initiatives, dans une certaine mesure, ne concernent que les pays francophones. Trois éléments ont particulièrement marqué ces années. Premièrement, la nomination de l'ancien Ambassadeur de France en Guinée équatoriale, François Barateau, au poste de directeur adjoint de l'Afrique et de l'océan Indien au Quai d'Orsay. Il aura ainsi la responsabilité de coordonner les partenariats tripartites franco-chinois en Afrique. Mais est-il vraiment possible d'utiliser le terme *partenariat tripartite* ? Il semblerait que beaucoup de choses ont été faites devant les Africains sans que ceux-ci n'aient le droit d'avancer des propositions ou qu'ils n'en aient tout simplement pas vu la complexité de ce genre de coopération. Deuxièmement, c'est justement au Sénégal qu'on aurait pu voir la partie africaine tenir un plus grand rôle. En effet, un sommet Chine-France-Afrique qui réunirait officiels et hommes d'affaires avait été prévu à Dakar le 19 mai 2016.

> « L'objectif n'est pas d'arriver en Afrique en terrain conquis, justifie un responsable français du projet. Mais bien de travailler à trois. Nous serons invités à Dakar. Il y a donc une demande du côté africain. Les Chinois sont très conscients de ce risque de mauvaise image néocoloniale[133] » si les Africains sont mis à l'écart.

Malheureusement, force est de constater que cette rencontre n'a jamais eu lieu jusqu'à présent. Finalement, il y a eu une concertation au niveau de la France (150 millions d'Euros) et de la Chine (150 millions d'Euros) pour faire atteindre le fonds de 300 millions d'Euros — géré par le Fonds souverain chinois CIC et la CDC International Capital, filiale de la CDC que nous avions déjà mentionnées dans notre introduction — à la somme de 2 milliards d'Euros à terme. Un montant significatif qui devrait servir à soutenir les futurs co-investissements menés par les entreprises chinoises et françaises sur les marchés asiatiques et africains. Le protocole de la création de ce fonds de coopération sino-français a été signé par le vice-premier ministre chinois, Ma Kai et le ministre français de l'Économie et des Finances, Michel Sapin le 14 novembre 2016 à Paris[134].

---

[133] Sébastien Le Belzic, « La Chine et la France dans un ménage à trois avec l'Afrique », *Le Monde*, 2015. https://www.lemonde.fr/afrique/article/2015/02/09/la-chine-et-la-france-dans-un-menage-a-trois-avec-l-afrique_4572735_3212.html

[134] L'expansion-l 'express, « La France et la Chine vont créer un fonds de 2 milliards d'euros », *AFP*, 2016. https://lexpansion.lexpress.fr/actualites/1/actualite-economique/la-france-et-la-chine-vont-creer-un-fonds-de-2-milliards-d-euros_1850350.html

Année d'adaptation

Le nouveau président français, Emmanuel Macron s'est rendu en Afrique près d'une dizaine de fois depuis la prise de ses fonctions. Sa première visite d'État en Chine du 8 au 10 janvier 2018 s'inscrit dans une continuité de la politique de son prédécesseur, François Hollande dont le mandat aura permis de jeter les bases d'un rapprochement avec la Chine. Alors que ce dernier s'était surtout illustré dans le cadre de la sécurité et du maintien de la paix, le président Macron tente d'élargir les horizons et de sauver les partenariats sino-français en marché tiers établis en 2015 qui peinent à prendre forme[135]. Ce n'était certes pas la principale raison de sa visite, mais ses déclarations montrent que le président français veut explorer de nouvelles stratégies en replaçant la coopération préexistante dans des secteurs plus liés à l'aide au développement et à la sécurité que nous avons abordés au début du chapitre. Une grande partie sera financée par des banques publics d'investissements comme l'Agence Française de Développement (AFD) et la China Development Bank (CDB). Une décision que le directeur général de l'AFD, Rémy Rioux a salué. Avec des dons, des prêts, des garanties, des fonds propres, l'expertise et la recherche, son agence devrait désormais être en mesure de renforcer les interventions dans les secteurs sociaux comme l'éducation des filles et l'adaptation au changement climatique en Afrique. En effet, le président Macron a fait l'annonce d'une augmentation de l'aide publique au développement d'une valeur de 1 milliard d'euros pour 2019[136].

En 2013, il y a apparition d'un désir réciproque de rapprochement entre la Chine et la France à l'arrivée au pouvoir de Xi Jinping. En 2014, les deux États évaluent la situation de leur coopération et la rendent globale et stratégique en signant un plan de coopération à moyen et long terme. En 2015, c'est l'année de la concrétisation avec l'établissement de nouveaux

---

[135] Interview exclusive du président français Emmanuel Macron par *China.org.cn*, 2018.
http://french.china.org.cn/china/txt/2018-01/08/content_50201117.htm

[136] Antoine Izambard, Afrique, « Chine, Macron… Les vérités du patron de l'Agence française de développement », *Challenges*, 2018.
https://www.challenges.fr/monde/afrique/afrique-chine-emmanuel-macron-afd-remy-rioux_612891

partenariats franco-chinois en marché tiers. En 2016 et 2017, un fonds commun programmé pour atteindre 2 milliards d'euros est cofinancé par la France et la Chine. Ce seront les années d'expérimentations de cette nouvelle coopération pendant lesquelles aucun projet ne sera officiellement réalisé.

Image 3 : Chine-France-Afrique : 5 étapes importantes de coopération politique (2013-2018)

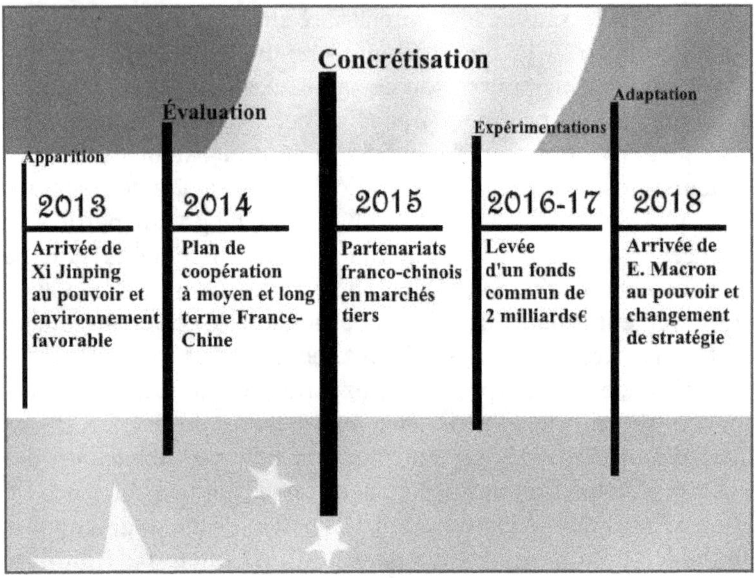

Source : Fait par Dr Nathanaël T. Niambi, 2019

L'année 2018 marque l'arrivée d'Emmanuel Macron au pouvoir qui veut apporter un renouveau à ces efforts de coopération en les adaptant à une nouvelle stratégie. La coopération diplomatique franco-chinoise continue donc de s'écrire même si elle reste plus riche sur le papier qu'en pratique. Elle concerne le monde entier, mais durant les six années représentées dans ce montage, le volet consacré à l'Afrique reste important et n'a jamais été écarté (Image 3).

Pour faire une allusion au Professeur He Wenping qui déclarait que l'Afrique devait sauter dans le wagon chinois, on peut dire que la France a décidé de se joindre au voyage. Le train est bien parti, mais pourrait-il arriver sans encombre à la prochaine gare ? Le président Macron — dont le nom chinois est Ma Ke Long (马克龙) qui signifie « le cheval vainc le dragon » — saura-t-il trouver l'astuce pour accélérer la cadence des relations entre la France, la Chine et l'Afrique ?

3. Faisabilité et challenges d'une transition totale en Afrique centrale

3.1 France et Chine sur la piste d'une coopération complète

Après avoir prouvé l'existence des deux variables entre la France et la Chine, nous avons pu constater que la compétition et la coopération affectaient à la fois les deux pays en Afrique centrale. Elles interviennent surtout entre ces deux acteurs étrangers, mais aussi d'une manière différente au niveau des pays africains. Certains d'entre eux en tirent avantage en mettant les deux sujets en compétition tandis que d'autres se contentent de faire partie du processus de la coopération. Mais avant tout, nous avons trois éléments qui sont caractérisés par ces deux phénomènes. Ces liens particuliers qui semblent se tisser entre la France, la Chine et l'Afrique centrale représentent un type d'échanges qui se différencie du schéma bilatéral habituel. Il s'agit d'une relation tripartite, triangulaire ou trilatérale. On peut la définir comme étant « un nouveau mode innovant de coopération au développement qui prend en compte les transferts de puissance à l'échelle mondiale et s'intéresse aux besoins d'un monde multipolaire (Langendorf, Piefer, Knodt, Müller & Ruther, 2012, p. 15)[137] ». Nous confronterons ainsi nos résultats pour déterminer s'il y a vraiment un passage de la compétition à la coopération entre la France et la Chine en Afrique centrale. En même temps, nous explorerons les possibilités que ce rapprochement puisse aboutir à une relation triangulaire, mais aussi toutes les difficultés qui empêchent cette nouvelle collaboration.

---

[137] Moritz Weigel, Alexander Demissie, "A New Climate Trilateralism? Opportunities for Cooperation between the EU, China and African Countries on Addressing Climate Change", *The China Africa Advisory*, 8, 2017, p. 2.

3.1.1 Ressemblances et différences

En prenant en compte le facteur de la compétition comme point de départ, le but de ce sous-chapitre sera donc de découvrir si nous avons une transition de la compétition bilatérale entre la France et la Chine en Afrique centrale vers une coopération bilatérale entre la France et la Chine en Afrique centrale ou trilatérale entre la France, la Chine et l'Afrique centrale. Pour atteindre cet objectif, nous exploiterons les données précédemment utilisées à travers deux tableaux comparatifs afin d'en faire ressortir plus rapidement les ressemblances et les différences.

Tableau 2 : Compétition : Ressemblances et différences

<table>
<tr><th colspan="4">Compétition</th></tr>
<tr><td colspan="2">Ressemblances</td><td colspan="2">Différences</td></tr>
<tr><td>France</td><td>Chine</td><td>France</td><td>Chine</td></tr>
<tr><td colspan="2">Afrique centrale</td><td colspan="2">Afrique centrale</td></tr>
<tr><td colspan="2">1. Besoin de ressources naturelles pour maintenir la croissance économique ;
2. Leaders mondiaux du BTP ;
3. Besoin des votes de pays africains pour augmenter le pouvoir de décision au sein des institutions internationales ;
4. Tournées et visites diplomatiques fréquentes en Afrique pour garantir une</td><td>1. Multinationales pétrolières privées solitaires ;
2. Manque de financements de la part de l'État français ;
3. Techniques de construction avancées et meilleure expertise ;
4. Qualité assurée des travaux et prix élevés ;
5. Perte des parts de marché à l'exportation (produits chers) ;
6. Présence accrue dans la</td><td>1. Multinationales pétrolières d'État solidaires ;
2. Financement du gouvernement chinois (deal package) ;
3. Techniques de construction en adaptation ;
4. Importation de la main d'œuvre, mauvaise qualité et prix bas ;
5. Multiplication des parts de marché à l'exportation</td></tr>
</table>

influence politique.	distribution formelle ; 7. Forte influence monétaire (FCFA) ; 8. Utilisation du français partout ; 9. Alliance Française 10. Sommet Afrique-France.	(produits low-cost) ; 6. Présence accrue dans la distribution formelle et informelle ; 7. Faible influence monétaire (Pétroyuans) ; 8. Utilisation du chinois limitée aux affaires ; 9. Institut Confucius ; 10. Sommet Chine-Afrique (FCSA).

Source : Fait par Dr Nathanaël T. Niambi, 2019

Tableau 3 : Coopération : Ressemblances et différences

Coopération			
Ressemblances		Différences	
France	Chine	France	Chine
Afrique centrale		Afrique centrale	
1. Membres permanents du Conseil de sécurité des Nations Unies ; 2. Sécurité et maintien de la paix pour défendre des intérêts économiques et les diasporas ; 3. Participation active aux missions		1. Maîtrise du terrain, expérience militaire en Afrique et dans le monde ; 2. Difficultés budgétaires à maintenir une présence militaire ; 3. Entreprises plus dynamiques	1. Ignorance du terrain, et inexpérience militaire internationale ; 2. Gros budget, mais crainte d'agir à cause du principe de « Non-intervention » ; 3. Manque d'innovations technologiques au sein des

sécuritaires de l'ONU ; 4. Besoin de divers partenariats au niveau économique ; 5. Besoin d'une plateforme linguistique entre les acteurs économiques ; 6. Volonté politique de l'établissement d'une relation trilatérale France-Chine-Afrique ; 7. Aide au développement et aide humanitaire.	en matière de nouvelles technologies et de services.	entreprises et des services.

Source : Fait par Dr Nathanaël T. Niambi, 2019

Premièrement, on remarque que le tableau comparatif de la compétition est plus long que celui de la coopération parce qu'il présente plus d'éléments. La France et la Chine investissent beaucoup en Afrique centrale pour assurer une présence dans la région. Ceci s'explique notamment par le fait qu'elle est riche en matières premières. Les deux pays ont donc besoin de maintenir et sécuriser leurs sources d'approvisionnement en pétrole et autres ressources naturelles. Le 21e siècle apparaît comme l'époque où l'Afrique entre de plus en plus dans une phase de développement. C'est pourquoi les 9 États que nous étudions veulent moderniser leurs infrastructures datant de la période coloniale et en construire de nouvelles pouvant accompagner et faciliter leur croissance économique dans les années à venir. À ce propos, la Chine a rattrapé et dépassé la France dans le milieu de la construction particulièrement par le biais de son internationalisation sur le continent. Pour satisfaire les demandes des nouvelles économies africaines, elle propose ses talents de constructeur. Toutefois, pour les Français et les Chinois, l'Afrique ne représente pas que des intérêts économiques. Il y a aussi une dimension politique très importante qui permet à la Chine continentale d'être reconnue comme la seule et l'unique Chine dans le monde et de compter sur les voix africaines dans plusieurs institutions internationales. Un avantage diplomatique dont la France a beaucoup joui par le passé. C'est donc pour cela que ces deux gouvernements multiplient séparément leurs visites et tournées africaines pour ne pas laisser l'un ou l'autre prendre une avance trop grande.

En ce qui concerne l'Afrique de l'Est et du Nord, les Chinois donnent l'impression de maîtriser le terrain, mais la France ne semble pas abandonner cette course politico-économique. Récemment en 2019, le président Macron s'est rendu à Djibouti, en Éthiopie et au Kenya pour parler d'investissement et de sécurité dans une autre région stratégique où l'influence de Pékin est déjà très forte. Selon une certaine opinion, ces visites étatiques montreraient la détermination de la France à affaiblir l'emprise de Pékin sur tout le continent[138]. Quant à l'Afrique centrale, Paris a encore plus de chances de réussir ce pari, vu l'enracinement récent des Chinois dans cette partie du territoire africain. Et parce qu'ils sont embarqués dans des conflits commerciaux avec les Américains, Pékin préfère ne pas avoir à lutter sur tous les fronts en cette période de négociation avec l'Europe sur les nouvelles routes de la soie. Toutefois, sa contre-attaque face à cette hyperactivité française sur le continent viendra sûrement en cours d'année. En effet, les besoins que les deux camps partagent en Afrique centrale ne devraient pas faciliter l'établissement de plus de proximité. Ils recherchent la même chose : devenir l'interlocuteur privilégié de l'Afrique francophone et anglophone. Celui qui pourra le devenir devra être le plus performant et avoir la meilleure stratégie pour être choisi par les gouvernements locaux. Dans cette perspective, la Chine a rattrapé une partie de son retard en Afrique centrale et s'est distinguée de la France par une approche plus rapide pour répondre aux besoins pressants de la région. Ses multinationales pétrolières sont groupées et reçoivent le financement de l'État

---

[138] News Wires, "Macron pledges closer French economic ties on first-ever visit to Kenya", *France 24*, 2019. https://www.france24.com/en/20190313-france-kenya-macron-visit-economy-trade-kenyatta

chinois. Ce qui leur permet de répondre à n'importe quel type d'appels d'offres tandis que leurs concurrents français ne peuvent pas rivaliser dans les contrats par manque de budget. Ils restent sur place et essayent de se différencier soit par la qualité de leurs travaux soit par celle de leurs produits. L'expertise et les technologies françaises avancées apparaissent donc comme ce qui manque à la partie chinoise. En dehors de cela, le sommet Chine-Afrique (FCSA) et le rayonnement de la langue et culture chinoises font de l'ombre à l'influence française. Mais au fur et à mesure que les Chinois avancent sur le terrain, ils se rendent compte qu'ils ont quand même besoin de la participation française pour satisfaire certaines demandes locales. Nous pouvons aboutir à la conclusion suivante concernant le premier tableau (Tableau 3). Au niveau de la compétition, les points de ressemblance séparent donc la France et la Chine en Afrique centrale et montrent par la même occasion que les deux sujets ont des objectifs opposés. Quant aux points de différence, ils représentent les causes d'une rivalité qui intervient dans plusieurs secteurs à la fois.

Bien que la Chine ne perçoive pas la France comme un partenaire important en Afrique centrale, celui-ci reste indispensable. Bien que la France perçoive la Chine comme un rival important en Afrique centrale, elle doit apprendre à cohabiter avec elle. Le dynamisme de la coopération sino-africaine lui permettrait d'accéder au réseau chinois qui ne cesse de grandir en Afrique centrale, à sa main-d'œuvre industrielle énorme, mais surtout et avant tout au financement qui lui fait défaut. Alors plutôt que de se regarder en chiens de faïence, les deux parties essayent d'avancer ensemble en tenant compte de certains axes de complémentarité. D'où intervient la coopération.

Deuxièmement, La France et la Chine sont toutes les deux des membres permanents du Conseil de Sécurité des Nations Unies. Les deux pays peuvent se servir de leur position stratégique au sein de l'organisation gouvernementale internationale pour obtenir l'approbation des autres membres. Ce qui leur permettrait d'intervenir plus rapidement sur le territoire africain en cas de crise. Il serait plus facile pour eux d'établir un partenariat militaire bilatéral vu qu'ils ont déjà travaillé ensemble lors des différentes missions sécuritaires de l'ONU. Les actions sinofrançaises combinées auraient donc plus d'efficacité afin d'assurer la sécurité et maintenir la paix dans les zones où se trouvent leurs diasporas et leurs intérêts économiques. Concernant justement cet aspect économique, ils ont également besoin d'établir des ponts entre la langue française et chinoise pour parvenir à se comprendre au fur et à mesure que la coopération évolue. Outre cela, les deux parties n'ont jamais abandonné l'idée d'une relation trilatérale avec l'Afrique, ce qui permettrait, selon les deux gouvernements, de mieux coordonner l'aide au développement. Toutefois, leurs besoins communs (Tableau 4) montrent que les deux pays peuvent s'associer pour transformer leurs faiblesses en force. Celles-ci interviennent dans le domaine géostratégique, budgétaire et entrepreneurial. En d'autres termes, l'ignorance du terrain et l'inexpérience internationale des forces armées chinoises peuvent être comblées par l'expérience française. Pendant que les Chinois craignent parfois d'entacher leur image nationale à l'extérieur, la France pourrait stabiliser sa présence militaire grâce aux financements de Pékin afin d'assurer la sécurité des deux parties sur le terrain. Et s'il n'y avait plus de barrières linguistiques, Pékin pourrait facilement accéder à plus de transferts de connaissances et de technologies français. Ce qui rendrait ses entreprises plus performantes et innovantes dans le but de mieux répondre à la demande africaine. Au niveau de la coopération, les points de différence rapprochent donc la France et la Chine en Afrique centrale et montrent par la même occasion que les deux sujets ont des objectifs communs. Quant aux points de ressemblance, ils montrent la nécessité d'une complémentarité qui intervient seulement dans des secteurs précis.

> Ainsi, « en attendant que la coopération française parvienne à rattacher ses wagons à la locomotive chinoise, Pékin multiplie les initiatives et les crédits sur le continent, au grand dam de Paris. Signe de cette inquiétude, la direction Asie du Quai d'Orsay a rédigé une note très peu diplomatique sur le sujet en décembre 2017, qu'*Africa Intelligence* a pu consulter. La note fait le compte rendu d'une rencontre entre des diplomates français et un groupe de sept ambassadeurs africains en poste en Chine (Côte d'Ivoire, Centrafrique, Djibouti, Gabon, Mali, Madagascar et Sénégal). Interrogés sur les mérites comparés des

coopérations françaises et chinoises, les émissaires africains n'ont pas de mot assez dur pour qualifier la politique de crédit française en Afrique : "lenteur", "bureaucratie" et "critères excessifs", sans parler d'une "image dégradée de la France", trop restrictive en matière de visas... [139]».0

3.1.2 Confrontation des phénomènes

La confrontation des deux variables dans les tableaux ci-dessus (Tableaux 3 et 4) nous donne le droit d'affirmer qu'il y a une transition de la compétition à la coopération entre la France et la Chine en Afrique centrale. Toutefois, elle permet aussi de comprendre qu'il y a trop d'éléments de compétition pour que ce changement de paradigme soit achevé. En d'autres termes, les chances de succès d'une coopération bilatérale effective ou complète entre la France et la Chine en Afrique centrale sont faibles. Et la coopération trilatérale est encore plus incertaine, car les terrains d'entente entre les trois sujets sont trop limités. Ajouté à cela, il y a un manque de présence africaine.

Pour appuyer nos propos, nous présenterons ici notre interprétation qualitative de toutes les données concernant les deux phénomènes en faisant toujours ressortir à la fois des ressemblances et différences entre les trois sujets étudiés. À ce juste titre, nous avons mené des interviews via mail pour obtenir les opinions précieuses venant de spécialistes en matière de relations entre la Chine et l'Afrique. Pour la France, nous avons le Professeur Jean-Pierre Cabestan qui est le Doyen du Department of Government and International Studies à la Faculty of Social Sciences de Hong Kong Baptist University. Pour l'Afrique, le Docteur Moundza Patrice qui est professeur à l'Université Marien Ngouabi en République du Congo. Nous avons essayé de contacter le Professeur He Wenping pour la Chine, mais nous n'avons pas obtenu de réponse. C'est pourquoi nous nous servirons simplement de son intervention lors du

[139] Le Tchadanthropus-tribune, « Macron à la remorque de la Chinafrique – Paris écrasé par les grands travaux de Pékin », *Le Tchadanthropus-tribune*, 2018. https://www.letchadanthropus-tribune.com/tchad-afrique-france-chine-macron-a-la-remorque-de-la-chinafrique-paris-ecrase-par-les-grands-travaux-de-pekin/

séminaire « Présences chinoises en Afrique » organisé le 27 janvier 2016 en France (EHESS).

Tableau 4 : Première et seconde série de questions

Pr Jean-Pierre Cabestan	Dr Patrice Moundza
1. France et Chine ? Bilatérales ou trilatérales ? Quel type de relations convient le mieux à l'Afrique centrale ? Et pourquoi ? 2. Les objectifs de la France et la Chine peuvent être faciles à appréhender dans une certaine mesure. Dans le cas des pays africains, que cherchent-ils selon vous ? 3. Comment ces pays africains peuvent-ils tirer profit de cette présence étrangère ? 4. L'Afrique centrale a été colonisée en grande partie par la France dans le passé. À cause de cela, pouvons-nous dire que la France serait moins fiable que la Chine en tant que partenaire économique ?	1. Quand on parle de France et Chine en Afrique centrale, il existe un conflit d'intérêt évident dans certains domaines. Dans le cadre d'une coopération active, pensez-vous vraiment qu'un rapprochement entre ces deux acteurs serait profitable à l'Afrique centrale ? 2. Un sommet devant réunir la France, la Chine et l'Afrique au Sénégal à Dakar en 2016 a été reporté. Selon vous, à quoi est dû ce changement de dernière minute ? 3. Bilatérales ou trilatérales ? Quel type de relations convient le mieux à l'Afrique centrale ? Et pourquoi ? 4. De 2012 à 2017, il aurait semblé que la coopération triangulaire n'était pas une priorité pour le gouvernement chinois. Est-ce que cela a évolué entre-temps ? Si oui, pourquoi ? 5. L'Afrique centrale a été colonisée en grande partie par la France dans le passé. À cause de cela,

5. Si cette zone pouvait devenir autosuffisante et acquérait assez de technologie et de connaissances, pensez-vous que la France et la Chine continueraient à être désirées comme maintenant ?	pouvons-nous dire que la France est moins fiable que la Chine en tant que partenaire économique ? 6. Si cette zone pouvait devenir autosuffisante et acquérait assez de technologie et de connaissances, pensez-vous que la France et la Chine continueraient à être désirées comme maintenant ? 7. Qu'est-ce que vous évoquent la France et la Chine en Afrique centrale ? Veuillez sélectionner deux mots-clés parmi les choix suivants : • Coopération ; • Néocolonialisme ; • Développement ; • Prédation ; • Hégémonie ; • Surendettement ; • Corruption ; • Guerre ; • Compétition ; • Sécurité ; • Commerce international.

Source : Questions posées par Dr Nathanaël T. Niambi, 2018

La première ressemblance renvoie à l'approche coopérative chinoise entretenue avec les pays d'Afrique centrale. Cette dernière est similaire à celle des Français après les indépendances. Des cas comme celui de l'Angola prouvent que les multinationales chinoises se servent aussi de leur proximité avec les chefs d'État africains pour préserver au mieux leurs intérêts face aux autres concurrents. Nous avons le cas d'Elf-Aquitaine, aujourd'hui rebaptisé Total, qui décidait dans certains pays comme le Gabon et l'Angola de la politique africaine de la France[140]. Et donc, quand on voit l'évolution chinoise dans le secteur du BTP, elle est semblable à celle qu'avait la France dans les années 1990. Il s'agit simplement d'un troc — des infrastructures contre des ressources naturelles. Il n'y a rien de nouveau sous le soleil. La seule chose qui a changé, ce sont les moyens financiers dont la Chine dispose désormais pour répondre et faire de l'ombre à la France lors des appels d'offres africains. Pour Thierry Pairault, quand on prend d'importantes entités pétrolières chinoises comme Sinopec et Cnooc en Angola, leur mode opératoire ne diffère pas tant des autres compagnies occidentales (BP, Chevron, Total, Exxon Mobil, Eni, Petrobras et Statoil) qui occupent le marché depuis longtemps. Il vaudrait donc mieux éviter de répartir tous ces investisseurs dans des catégories différentes[141] .

La deuxième ressemblance se situe au niveau de la politique étrangère menée par les deux pays. Il faudrait retenir que les sommets Chine-Afrique sont inspirés des sommets France-Afrique. Il y a là une ressemblance entre les deux instruments diplomatiques. Toutefois, les Chinois ont évité d'appliquer une relation paternaliste, et ont montré aux États africains qu'ils étaient égaux en matière de souveraineté nationale. C'est bien sûr trop beau pour être vrai, mais de nos jours, un président africain est mieux accueilli en Chine qu'en France peu importe son statut au sein de la communauté internationale. C'est un fait. Ainsi, comme l'aura déclaré Deborah Brautigam : « L'Europe et les États-Unis ont globalement les mêmes intérêts que les Chinois. À la différence près, me semble-t-il, que pour les Occidentaux, les pays africains ont surtout besoin d'être aidés. Nous avons une

[140] Antoine Kernen, « Les stratégies chinoises en Afrique : du pétrole aux bassines en plastique », *Politique Africaine*, No5, Editions Khathala, 2007, p. 173.

[141] Thierry Pairault, "Chinese direct Investment in Africa: A state Strategy?", *Région et Développement*, L'Harmattan, 2014, 37-2013 (2), p. 280.

relation assez paternaliste avec ce continent. Les Chinois, eux, sont plus tournés vers les affaires[142] ».

Finalement, les Chinois n'ont donc fait que reproduire à leur façon ce que les Français avaient déjà fait pour satisfaire des besoins énergétiques et diplomatiques de plus en plus préoccupants. Nous pouvons affirmer que les richesses de l'Afrique et son nouveau marché de consommateurs en font le continent le plus convoité du 21e siècle. Il n'y a jamais eu autant d'investisseurs que maintenant. Les Allemands, les Anglais, les Indiens, les Turcs, les Américains, les Russes, les Coréens, les Malaysiens, etc. Face à tout ce beau monde, la Chine doit protéger sa part du gâteau. Ce qui nous amène à affirmer que cette transition de la compétition à la coopération entre la France et la Chine en Afrique ne sera qu'un succès fugace. Les enjeux économiques sont beaucoup trop élevés. Comme le pense le Docteur Moundza Patrice, ce sont les relations bilatérales qui conviennent au mieux aux pays de l'Afrique centrale. Ces derniers « devraient traiter séparément avec la France et la Chine. Avec la France, ils ont des relations anciennes et complexes tandis qu'avec la Chine sont nés des enjeux nouveaux qui ont besoin d'être clarifiés et bien circonscrits dans le cadre de la mondialisation de l'économie [143] ». Certaines ressemblances entre les deux modèles de coopération justifient d'ailleurs pourquoi les Chinois commencent à avoir les mêmes problèmes en Afrique que les Occidentaux en ce moment (corruption africaine, dette africaine, ressentiment des populations locales, etc.).

La première différence à noter entre la coopération Chine-Afrique centrale et France-Afrique centrale, c'est que le rythme de développement est plus accéléré avec la présence chinoise dans le paysage économique régional. Ce qui n'était pas toujours le cas avec les Français. On pourrait retourner la question dans tous les sens, c'est aussi un autre fait. La présence chinoise favorise la croissance économique de l'Afrique. Cette différence peut s'expliquer par le besoin pressant de la Chine d'investir son argent à l'étranger et l'absence d'ingérence politique dans les

---

[142] Interview de Deborah Brautigam par Falila Gbadamassi, *op.cit.*

[143] Interview du Dr Moundza Patrice par Dr Nathanaël T. Niambi, 2018.

affaires internes des pays africains. Et même s'il y a ingérence, elle n'est pas publiquement perceptible comme celle de la France et repose de surcroît sur des suppositions — à ne pas négliger. L'Afrique doit être reconnaissante, mais rester sur ses gardes face aux deux acteurs. La règle de base de la coopération internationale c'est de ne pas oublier que les États n'ont pas d'amis, que des intérêts. En dehors de cela, la compétition permet aussi à la France de disposer d'un plus gros chiffre d'affaires grâce aux sous-traitances chinoises même s'il y a des pertes de marchés. Dans ce scénario, les bénéfices des sociétés occidentales sont toujours plus élevés que ceux des Chinois. La coopération qui veut donc prendre la cotraitance comme modèle n'est pas forcément un atout économique pour toutes les entreprises françaises parce que les bons secteurs ne sont pas ciblés et qu'ils seront obligés de partager leurs techniques de travail au lieu de les vendre au plus offrant.

La deuxième différence qui distingue les Chinois des Français, c'est leur indépendance financière. En effet, leur portefeuille leur donne la possibilité d'accepter ou de refuser de développer une coopération bilatérale ou trilatérale avec la France à propos de l'Afrique centrale à n'importe quel moment. En effet, cette idée de coopération a surtout été alimentée par la partie française qui connaît des difficultés budgétaires pour maintenir durablement son influence en Afrique centrale — à ce sujet, la seule influence qui n'a pas subi trop de dégâts se résume en matière de soft power avec la langue et la culture françaises — et passe parfois par le biais de l'Union européenne afin d'avoir un soutien financier. Lors de son séminaire en France le Professeur Wenping a été clair sur ce point. Elle était d'ailleurs étonnée que ce soit un sujet d'actualité en France. Personnellement, elle a déclaré que les coopérations tripartites avec la France ou l'Europe n'étaient pas prioritaires aussi bien au niveau du FCSA qu'à celui du MAE ou de son institut de recherche. Les fonctionnaires chinois sont désintéressés de ce que l'Afrique fait avec les autres pays[144].

Enfin, entre la France et la Chine en Afrique centrale, le Professeur Cabestan note qu'il y a des :

[144] He Wenping, Martina Bassam, Jean J. Gabas & Thierry Pairault, *op.cit.*

- « **Objectifs communs** : développement, paix et sécurité ; objectif plus spécifique à la France et l'Europe : création d'emplois afin de contenir autant que faire se peut la vague migratoire vers l'Europe ;
- **Objectifs concurrentiels** : (...) contrats d'infrastructures, parts de marché, influence culturelle et idéologique ; francophonie ; vote aux Nations Unies, rivalité stratégique[145] ».

Une fois de plus, nous constatons que même avec les avis extérieurs que nous avons pu recueillir pour enrichir notre analyse, la France et la Chine peuvent se compléter au niveau de la sécurité et de l'aide au développement, mais leurs objectifs concurrentiels sont trop omniprésents comme le prouve la confrontation des deux phénomènes pour envisager une coopération bilatérale complète en Afrique centrale. Quant à la possibilité d'une coopération trilatérale, elle reste soumise à plusieurs difficultés entre les trois partenaires pour prendre son envol.

3.2 France et Chine sur la piste d'une coopération triangulaire

Après une interprétation approfondie du problème, nous pouvons voir que la France et la Chine n'arrivent pas à trouver de compromis au sujet d'une coopération trilatérale avec l'Afrique centrale et l'Afrique en général. L'annulation de la conférence France-Chine-Afrique de Dakar (Sénégal) prévue en mars 2016 nous prouve que ces trois acteurs sont perdus dans ce que nous qualifierons de véritable « triangle des Bermudes[146] ». La Chine et la France déclarent officiellement avoir des problèmes d'agendas diplomatiques, mais officieusement il apparaît clairement que la Chine n'est pas très enthousiaste à

[145] Interview du Pr Jean-Pierre Cabestan par Dr Nathanaël T. Niambi, 2018.
[146] Nous faisons ici allusion à une zone triangulaire de l'océan atlantique située entre les Bermudes et les Antilles caractérisée par la disparition étrange de plusieurs bateaux et avions. Il semblerait que la France, la Chine et l'Afrique soient aussi perdus et qu'ils ne savent pas par où commencer.

propos d'une coopération trilatérale. Elle se contente d'observer et d'évaluer les avantages qu'elle pourrait en tirer sans pour autant refuser la possibilité d'un partenariat franco-chinois. En effet, nous avons déjà démontré la place importante occupée par les Français en Afrique. Toutefois, il semblerait que les deux côtés ne soient pas en mesure de trouver comment ils pourraient unir leur force à la fois dans le domaine étatique et économique. Malgré cela, que ce soit la France ou la Chine, les deux pays poursuivent leur coopération bilatérale avec les 9 nations africaines en dépit du fait qu'ils ne veulent pas totalement abandonner le projet de convier les trois parties à la même table. Il existerait plusieurs raisons qui expliquent ce fiasco, mais nous avons déterminé que les plus importantes étaient avant tout d'ordre économique, sécuritaire et politique. Avant de les évoquer, nous nous pencherons d'abord sur la faisabilité d'un dialogue trilatéral entre la France, la Chine et l'Afrique centrale dans ce sous-chapitre.

3.2.1 Faisabilité coopérative

Lors d'une conférence internationale organisée du 16 au 18 juin 2014 à Beijing par UbiFrance[147], l'AFD sous la tutelle du MAE chinois et d'Exim-bank ayant pour thème : « vendre en pays tiers avec des partenaires chinois », Yu Wen, directrice générale adjointe de la China Exim-Bank, affirmait que tout le monde aurait à y gagner si savoir-faire technique français et puissance financière et industrielle chinoise étaient combinés. Des exemples de réussite de partenariats franco-chinois en Afrique avaient même été présentés aux invités français, chinois et africains rassemblés à cet événement. Les secteurs des télécommunications et des transports auraient permis aux trois partenaires de faire de gros profits. On peut citer le cas de Huawei qui est devenu le fournisseur d'équipement de l'entreprise française de télécommunications Orange dans plusieurs pays

[147] Il s'agissait de l'agence française pour le développement international des entreprises. Aujourd'hui, elle est connue en tant que Business France.

africains[148]. Nous avons également le cas d'une sous-traitance franco-chinoise au Cameroun où la société chinoise Csr Nanjing Pulszen avait remis une somme de 11, 7 milliards de FCFA à la Cameroon Railways, entreprise du groupe français Bolloré pour la modernisation du chemin de fer camerounais[149]. Pour sa part, le Professeur Jean-Pierre Cabestan fait par exemple remarquer que la société française Alstom est encline à travailler avec les compagnies ferroviaires chinoises sur toute l'étendue du territoire africain au vu de ses anciens partenariats réussis avec Sinohydro pour les projets hydroélectriques de Karuma, de Bui et de Soubre[150].

Il y avait donc un certain optimisme dans la possibilité d'un partenariat à trois entre la France, la Chine et l'Afrique. Jean-Pierre Raffarin, ancien premier ministre français ayant assisté à plusieurs rencontres franco-chinoises révèle d'ailleurs ce besoin omniprésent[151]. Néanmoins, sur le plan de la faisabilité, il y a trop de challenges à relever pour avoir une relation trilatérale équitable ici. Le partenariat franco-chinois en 2015 devait mettre en place le cadre idéal pour la lancer. Le sommet de Dakar aurait dû impliquer totalement l'Afrique et marquer le début d'une coopération trilatérale, mais il n'a pas eu lieu en 2016 et a été reporté en 2017 pour être finalement annulé. Tellement de retards et de reports que le Professeur Thierry Pairault, comparera même le projet initial à « un bébé quasiment mort-né[152] ».

---

[148] Alice Grandserre, « Coopération tripartite en Afrique », *Chinafrique*, 2014. http://www.chinafrique.com/F_Business/txt/2014-08/18/content_635394.htm

[149] Business in Cameroon, "Cameroon: Chinese Csr Nanjing Pulszen hands 11.7 billion FCFA deal to CAMRAIL", *Business in Cameroon*, 2014. https://www.businessincameroon.com/transport/1701-4581-cameroon-chinese-csr-nanjing-pulszen-hands-11-7-billion-fcfa-deal-to-camrail

[150] Jean-Pierre Cabestan, "France-China Cooperation in Africa: The Emergence and the Limits of a New Initiative", *op.cit.*, p. 12.

[151] Karel Vereycken, « Partenariat franco-chinois, en France et en pays tiers. La nécessaire modernisation du Port du Havre », *The International Institute Schiller*, conférence, 2017. https://schillerinstitute.com/fr/media/karel-vereycken-partenariat-franco-chinois-en-france-et-en-pays-tiers-la-necessaire-modernisation-du-port-du-havre/

[152] Romain Brunet, *op.cit.*

Il apparaît donc que trois conditions importantes n'ont pas été réunies par les deux parties pour rendre cette coopération trilatérale possible. Premièrement, l'accent a trop été mis sur le dialogue politique tandis que les États auraient dû simplement jouer un rôle de médiateur entre les entreprises françaises et chinoises pour permettre des rencontres Business-to-Business (B2B) dans ce contexte. La France et la Chine ont voulu mettre en priorité le secteur économique en oubliant que les besoins de cette coopération trilatérale étaient multidimensionnels. En cette période marquée par la mondialisation, les exigences de l'Afrique sont nombreuses. En d'autres termes, les ambitions diplomatiques affichées étaient en désaccord avec les ambitions coopératives recherchées. Deuxièmement, il y avait trop de politique là où il fallait simplement mener une étude de terrain sérieuse avec les experts des trois continents pour réaliser des partenariats dans des secteurs porteurs comme ceux des télécommunications, du transport et de l'agriculture, l'éducation, l'énergie verte, la santé et les services. En dernière instance, il n'y a pas eu assez de confiance entre les trois acteurs à plusieurs niveaux. Les Africains sont restés méfiants au sujet de la France et de la Chine. Quant aux PME françaises, il y avait la crainte de partager leur savoir-faire gratuitement ou de se faire engloutir par des entreprises chinoises pouvant financièrement être aidées par leur gouvernement.

Même lorsqu'on considère les rares exemples de relations tripartites entretenues entre les Occidentaux et les Chinois dans le monde entier, il y a également peu de succès à relever. Cela est notamment dû au fait que la mise en place des stratégies de coopération prend trop de temps et nécessite plusieurs procédures entre les différents accords comme l'ont déjà remarqué les Africains et les Chinois. Les Français attachent plus d'importance aux détails tandis que les Chinois sont plus pragmatiques. Quand ces derniers ont le financement nécessaire, c'est *veni vidi vici*, ils viennent, ils voient et ils font des affaires. Et dans ce genre de cas, il y en a de bonnes et de mauvaises. Quant aux Français, même si récemment le discours semble changer, il faut avoir la franchise de reconnaître qu'ils débarquent souvent en Afrique en terrain conquis pour aider. Et dans ce genre de cas, il est difficile d'avoir de vrais partenaires avec cet orgueil affiché. Il n'y aurait donc rien d'étonnant à ce que les Africains préfèrent s'engager dans des coopérations bilatérales avec les Chinois. La sixième conférence du FCSA à Prétoria (Afrique du Sud) en 2015 avait pour thème : *L'Afrique et la Chine avancent ensemble* et la septième conférence du FCSA à Pékin (Chine) en 2018 : *Travaillons ensemble pour une communauté de destin et un développement commun*. La France qui est déjà un pays développé n'a donc pas eu sa place dans les sujets abordés malgré le rapprochement entre les gouvernements français et chinois. Pour sa part, en cas de coopération trilatérale, la Chine devrait accorder plus de priorité aux BRICS. Selon Mme He, même les États africains sont plus orientés vers les coopérations bilatérales quand il s'agit de la Chine. On peut ainsi évoquer le *China Africa Joint Research and Exchange Programme* financé par le ministère (chinois) des Finances [153].

Avant de souligner les difficultés les plus importantes qui empêchent l'établissement d'une coopération trilatérale entre la France, la Chine et l'Afrique centrale, nous terminerons ce sous-chapitre en nous rangeons du côté de l'avis exclusif donné par le Professeur Cabestan lors de notre interview. Nous lui avons posé la question suivante (Tableau 5) : France et Chine ? Bilatérales ou trilatérales ? Quel type de relations convient le mieux à l'Afrique centrale ? Et pourquoi ? Sa réponse concernant la France et la Chine est sans équivoque :

> « Comme je l'ai écrit dans mon papier[154], je pense que pour l'Afrique en général, il est préférable que ses grands partenaires restent distincts et en concurrence : cela permet aux pays africains de disposer de plus d'options et de corriger, dans une certaine mesure, l'asymétrie qui caractérise leurs relations avec la plupart de leurs partenaires extérieurs (mis à part peut-être le Nigéria et l'Afrique du Sud, sauf avec la Chine ou les États-Unis évidemment). Cela ne signifie pas que sur des projets spécifiques, les sociétés des différents pays, et parfois les gouvernements ne peuvent pas coopérer : en cas de crise alimentaire, de guerre, de menace terroriste, etc. les grands

---

153 He Wenping, Martina Bassam, Jean J. Gabas & Thierry Pairault, *op.cit.*

154 Cf. Jean-Pierre Cabestan, "France-China Cooperation in Africa: The Emergence and the Limits of a New Initiative", Paper presented at *Yale China-Africa Conference on Africa-China Relations*, March 16-17, 2016.

partenaires de l'Afrique peuvent et doivent coopérer (exemples : Minusma, G5 Sahel) ; mais dans l'ensemble, nous sommes concurrents économiques et politiques et même géostratégiques : nos sociétés cherchent à gagner les mêmes contrats et conquérir les mêmes marchés ; nous sommes en compétition idéologique quant aux valeurs politiques et modèles de développement économique, nous sommes même en concurrence en termes de ventes d'armes et de formations militaires ; et nous ne pouvons ignorer la rivalité stratégique croissante entre les États-Unis et la Chine, dont la France, alliée des Américains, ne peut s'abstraire (en plus, nous coopérons beaucoup avec les Américains sur le terrain, notamment au Sahel). Inutile de se cacher cette réalité, il est préférable de la prendre en compte et de voir ce que l'on peut tout de même faire ensemble avec la Chine (et surtout les acteurs économiques chinois privés en priorité) sur cette base[155] ».

3.2.2 Obstacles coopératifs

L'une des raisons, souvent oubliées, qui expliqueraient l'échec d'une relation triangulaire entre la France, la Chine et l'Afrique centrale en particulier et l'Afrique en général est le manque d'intérêt dans le milieu universitaire pour la question tripartite. En effet, les chercheurs venant des trois continents ne s'intéressent pas assez aux coopérations trilatérales et préfèrent se limiter à étudier les coopérations bilatérales. Du côté africain, nous comptons quelques efforts solitaires qui manquent cruellement de subventions. Du côté français, malgré l'importance du sujet qui s'actualise d'année en année, il y a très peu d'engouement. Du côté chinois, il n'y a pas assez d'instituts dédiés aux études africaines. Le nombre est insuffisant pour un continent de 54 pays dont les études devraient au moins se concentrer sur les régions, car chaque partie de l'Afrique possède ses propres réalités économiques, politiques et socioculturelles.

On peut relever qu'en 2008, la Chine ne possède qu'un seul institut d'études africaines qui peine à couvrir tout le continent africain[156]. Et même si quelques éminents universitaires français

---

[155] Interview du Pr Jean-Pierre Cabestan par Dr Nathanaël T. Niambi, *op.cit.*
[156] Michel Beuret, Serge Michel, *op.cit.*, pp. 60-61.

et chinois ont publié un certain nombre de travaux et travaillent souvent ensemble sur les relations sino-africaines, leurs efforts conjugués restent encore trop faibles pour provoquer des changements significatifs[157]. Au-delà de cette paresse dans le domaine de la recherche, il y a bien évidemment des obstacles qui interviennent lorsque les trois acteurs de notre sujet essayent de se rassembler.

Sur le plan économique, il faudrait noter que ce sont les acteurs politiques qui se sont le plus rapprochés. Sur le terrain, la réalité est encore loin de l'objectif fixé. Le plus grand nombre des entreprises chinoises et françaises ne s'entraide que lorsque leur intérêt est commun comme nous l'avons démontré. Dans la plupart des cas, elles restent en mode compétition. En ce qui concerne les compagnies privées françaises et chinoises, il est trop tôt pour affirmer qu'elles accepteront de se soumettre à la volonté récente de leur État respectif si les secteurs proposés où collaborer ne garantissent pas d'importants bénéfices. Cette harmonisation de la partie politique et entrepreneuriale devrait prendre plus de temps. On peut identifier plusieurs limites et obstacles se dressant devant le partenariat franco-chinois dans les marchés tiers en Afrique. D'un côté, on relève qu'il s'agit avant tout d'ententes qui sont premièrement politiques avant d'être économiques. De l'autre, les multiples acteurs économiques chinois et français travaillant sur place ne signeront des partenariats que s'il y a moyen pour eux d'augmenter leur chiffre d'affaires. La réalité est celle-là. Il est difficile d'imaginer un scénario où les deux États respectifs pourraient imposer une ligne de conduite à toutes les parties concernées. Les chances de réussite de cette coopération reposent donc sur un changement de mentalité réciproque à tous les niveaux. Faute de quoi, la compétition féroce présente dans certains pays africains pourrait s'intensifier de plus belle[158].

En plus, le recul de la partie africaine peut aussi s'expliquer par la peur d'être négligée dans cette relation triangulaire. C'est

---

[157] Jean-Pierre Cabestan, "France-China Cooperation in Africa: The Emergence and the Limits of a New Initiative", *op.cit.*, p. 13.

[158] Jean-Pierre Cabestan, "France-China Cooperation in Africa: The Emergence and the Limits of a New Initiative", *op.cit.*, p. 13.

d'ailleurs déjà ce qui est en train de se passer vu que les informations principales ne gravitent qu'autour des deux pays. Ce qui donne la mauvaise impression que l'Afrique centrale est plus un terrain d'expérimentation économique qu'un partenaire.

Sur le plan sécuritaire, il est facile de vérifier que le Ministère français de la Défense n'entretient aucune relation directe bilatérale avec celui de Pékin concernant l'Afrique. On ne peut pas nier que la Chine a aidé la France à plusieurs reprises pour des opérations militaires comme *Barkhane* et *Serval* entre 2013 et 2014, mais c'était sous la supervision onusienne. D'un point de vue strictement géostratégique, la première base navale chinoise à Djibouti reste problématique pour les Occidentaux. La France peut coopérer avec la Chine pour assurer le maintien de la paix, car cela profiterait aux deux pays. Mais nous pensons que la priorité sera sans doute accordée aux autres pays européens, aux USA et au Japon. En même temps, la multiplication des opérations et de bases militaires sur leur continent ne plaît pas à tous les pays africains qui gardent une certaine rancune historique par rapport à la colonisation. Voir la France et la Chine renforcer leur partenariat militaire sur leurs terres n'est donc pas ce qu'ils veulent, mais face à la menace terroriste, au trafic d'humains et aux conflits civils internes, ils n'ont pas d'autres choix pour le moment. Ce qui nous amène à penser qu'une fois qu'ils seront en mesure de gérer leurs problèmes sécuritaires par eux-mêmes rien ne garantit qu'ils accepteront plus d'implications de la part de ces deux pays, qu'il y ait coopération trilatérale ou non.

> « He Wenping, une experte chinoise de premier plan sur l'Afrique, souligne que bien que la France agite le drapeau de la "lutte contre le terrorisme" dans sa décision d'intervenir au Mali, ce ne sont pas tous les groupes d'opposition locaux au Mali qui sont en fait des terroristes, la Chine considère cela comme particulièrement alarmant parce cela légitime la "lutte contre le terrorisme" comme une justification de l'intervention étrangère dans la guerre civile d'un pays souverain. Pour Pékin,

ce dernier est un défi dangereux pour son principe de non-ingérence, fondement de la politique étrangère de la Chine[159] ».

Sur le plan politique, il y a certes une légère volonté à ne pas négliger cette main française tendue, mais tout comme les Africains, les Chinois préfèrent les coopérations bilatérales qui présentent moins de paramètres. L'accord en marchés tiers signé entre la France et la Chine a certes été une étape importante dans le cadre de l'établissement d'une coopération trilatérale, mais il suffit de s'intéresser à la dénomination pour comprendre qu'un partenariat en marchés tiers renvoie simplement à une fusion entre la France et la Chine pour mieux tirer profit des marchés locaux africains. Et pour cela, la Chine actuelle n'a pas nécessairement besoin de la France. Dans la mesure où les Africains ne proposent pas des secteurs susceptibles d'aider leur croissance économique et restent relégués au rôle de *l'élève sage* qui ne contredit jamais son professeur, on ne peut pas parler de coopération trilatérale entre ces trois acteurs. Du moins pas pour le moment, car la volonté du président Macron à vouloir axer sa politique étrangère africaine sur l'aide au développement reste prometteur. Toutefois, une certaine partie de l'élite politique française ne veut pas également s'associer avec la Chine pour des raisons d'image nationale. Selon eux, cela pourrait nuire à la réputation des entreprises françaises installées en Afrique centrale sur le long terme. De leur côté, à la lecture de l'actualité diplomatique, nous pouvons affirmer que les Chinois sont patients et préfèrent que leurs actions coordonnées avec les Français fassent plus partie du projet des nouvelles routes de la soie plutôt que d'une faible relation trilatérale[160].

---

159 Yun Sun, "How China Views France's Intervention in Mali: An Analysis", *Brookings* 2013. https://www.brookings.edu/opinions/how-china-views-frances-intervention-in-mali-an-analysis/

160 Chanel Monteine, "Macron's Africa visit reveals determination to weaken China's grip on the continent", *CNBC*, March 2019. https://www.cnbc.com/2019/03/16/macrons-africa-visit-reveals-determination-to-weaken-chinas-grip-on-the-continent.html

Au bout du compte, la Chine et la France n'ont pas besoin d'être dans une relation trilatérale pour collaborer avec l'Afrique centrale.

> « Il y a tout juste un an, lors de la visite en Chine du président Macron, le dossier africain était déjà sur la table. Mais, depuis, à part le soutien confirmé de la Chine au G5 Sahel et aux opérations françaises antiterroristes, rien n'a bougé sur le plan économique. "Il y a évidemment une concurrence, voire une compétition entre la Chine et la France en Afrique, nous disait alors le Professeur Wang Yiwei (王义桅), du département d'études européennes à l'université Renmin. La présence de plus en plus importante de la Chine en Afrique est une menace pour l'influence française, notamment dans ses anciennes colonies. L'un des objectifs du président Xi Jinping est d'obtenir l'appui de la France à son ambitieux projet des nouvelles routes de la soie qui concerne en grande partie le continent africain." Mais ce soutien n'est jamais venu et la France appelle même la Chine à des échanges plus équilibrés[161] ».

S'il est vrai, que la France est en recherche de plus d'équilibre dans cette coopération que certains qualifieraient trop rapidement de coopération trilatérale, l'Afrique qui souffre déjà d'une certaine asymétrie par rapport à son sous-développement actuel, ne pourra jamais sortir gagnante d'une telle alliance. Comme le Professeur Cabestan nous l'a dit lors de notre échange, rien n'empêche les deux pays de s'entraider en Afrique centrale sans recourir à un modèle tripartite. Et même si les différents obstacles et problèmes que nous avons énumérés ci-dessus pouvaient être résolus, il faudrait encore que les Africains puissent eux-mêmes mettre en place l'environnement économique, politique, social, et culturel adéquats nécessaires pour profiter pleinement d'une coopération bilatérale ou trilatérale. L'objectif de notre prochain chapitre sera donc de

[161] Sebastien Lebelzic, « Dans le pré carré français, la Chine taille des croupières aux entreprises tricolores », *Le Monde*, mars 2019.
https://www.lemonde.fr/afrique/article/2019/03/04/dans-le-pre-carre-francais-la-chine-taille-des-croupieres-aux-entreprises-tricolores_5431306_3212.html

réfléchir sur la façon dont l'Afrique centrale peut obtenir plus de stabilité au milieu de ces interactions avec l'étranger.

4. Choix stratégiques pour l'Afrique centrale

4.1 L'Afrique centrale au cœur d'une relation triangulaire

La première et la deuxième analyse de cette nouvelle tendance à la coopération bilatérale ou trilatérale avec la France et la Chine nous permettent d'aboutir à deux conclusions en ce qui concerne l'Afrique centrale. D'une part, les Africains s'abstiennent de trop s'impliquer par peur de revivre les expériences du passé, ce qui serait compréhensible vu leur place actuelle dans le système international. D'autre part, ils ne chercheraient rien par manque d'agenda politique, ce qui serait tout à fait regrettable vu toutes les occasions favorables du moment. Nous avons parlé des rapports de la France et de la Chine avec l'Afrique centrale. Dans ce chapitre, nous renverserons les rôles en mettant la région africaine au centre de l'analyse. À ce sujet, nous avons jugé que la meilleure façon de le faire est d'abord de donner la parole aux Africains. Ensuite, que ce soit la compétition ou la coopération, il est important d'avoir l'avis global de la région sur la présence chinoise et française de façon séparée.

Afin de bâtir la suite de notre argumentation, nous nous référerons à l'étude quantitative d'Afrobaromètre. Il s'agit d'un réseau indépendant de recherche panafricain qui mène des investigations pour déterminer l'opinion publique africaine concernant des sujets tels que la démocratie, la gouvernance, les conditions économiques, etc. Nous nous servirons notamment du Round 6 qui s'est fait dans 36 pays africains et a impliqué 54, 000 citoyens. En général, malgré toutes les spéculations occidentales et orientales, on peut voir sur ce graphique que les activités économiques et politiques de la Chine ont une influence « quelque peu » voire « très » positive sur le continent. C'est le sentiment de 63 % des pays ciblés entre 2014 et 2015. Ces opinions représentent plus de ¾ de la population africaine, mais nous nous limiterons à l'Afrique centrale pour la suite[162].

À votre avis, lequel de ceux -ci a le plus d'influence sur (votre pays), ou n'en avez-vous pas suffisamment entendu parler pour vous prononcer ? C'est la question posée aux répondants. En Afrique centrale, 55% des personnes interrogées pensent que l'influence extérieure de la France (Ex-puissances coloniales) est la plus forte. La Chine arrive en deuxième position avec seulement 16%. Un nombre faible qui reste un bon résultat en considérant que l'hyperactivité chinoise est récente dans la région. Selon nous, ce graphique montre que les Français disposeront toujours d'une influence extérieure sur leurs anciennes colonies dans les années à venir. Toutefois, celle-ci risquera de diminuer principalement en raison des Chinois.

À votre avis, lequel des pays suivants si jamais serait le meilleur modèle de développement futur de notre pays ? C'est la question posée aux répondants. En Afrique centrale, 35 % des personnes interrogées pensent que le meilleur modèle de développement est celui proposé par la Chine. Le modèle français arrive en deuxième position avec 27 %. Un nombre acceptable qui reste un mauvais résultat en considérant que l'activité française est très ancienne dans la région. Selon nous, ce graphique montre que les Africains entretiendront plus de partenariats avec la Chine dans les années à venir. Toutefois, la France restera un partenaire clé du développement dans cette zone.

4.1.1 Abstention Africaine

Dans un premier temps, les données statistiques d'Afrobaromètre sur l'Afrique centrale nous permettent de mettre en lumière le fait que cette zone ne veut pas participer à une coopération trilatérale avec la France parce qu'elle refuse de

---

[162] Mogopodi Lekorwe, Anyway Chingwete, Mina Okuru et Romaric Samson, « la présence accrue de la Chine en Afrique attire des appréciations largement positives », *Round 6 AfroBaromètre*, dépêche No 122, 24, octobre 2016, p. 2. http://afrobarometer.org/sites/default/files/publications/Dépêches/ab_r6_dispatchno122_perceptions_de_la_chine_en_afrique.pdf

subir de près ou de loin une autre forme de domination venant de leur ancien pays colonisateur et encore moins d'un autre pays étranger. En effet, de façon générale, l'opinion africaine ne voit pas toujours l'influence française de façon positive. Ce ménage à trois pourrait donc affecter la liberté de l'Afrique centrale dans la prise de décisions. D'un autre côté, il faut noter le ressentiment africain qui est présent quand il s'agit de la politique étrangère de Paris. L'un des présidents français qui ont ravivé cette rancœur est sûrement Nicolas Sarkozy dont les premières interventions sur le continent ont été très polémiques. Ce dernier est même allé jusqu'à dire lors d'une visite à Bamako que « la France n'a pas besoin de l'Afrique [163] ». En matière de coopération libre, lorsqu'on veut établir des rapports avec d'autres partenaires, il est très important de leur accorder une certaine importance et de les inviter à prendre part au débat, quel que soit leur statut. Allez dans la boutique d'un Chinois et il vous offrira du thé avant de vous proposer sa marchandise en toute humilité. Allez dans la boutique d'un Français et il vous demandera si vous avez les moyens de payer sa marchandise en vous dévisageant de la tête aux pieds. Selon nous, une grande partie de la région est réfractaire à travailler avec la partie française à cause du passé colonial et de l'attitude hautaine de Paris dont l'ingérence politique fréquente a eu un impact négatif dans plusieurs pays et a créé une instabilité multiforme dans le passé. Nous avons là des Africains qui désirent juste développer leurs terres dans la paix et retrouver leur fierté dérobée sur la scène internationale.

Quant à la Chine, c'est le nouveau joueur en Afrique centrale. Il y a toujours une certaine excitation par rapport à tout ce qui est nouveau. L'arrivée chinoise symbolise un nouvel espoir lié aux opportunités de commerce, les investissements, les infrastructures, etc. Mais tout comme la France, une partie de la région n'est plus trop favorable à cette nouvelle présence au fil des années. L'Afrobaromètre nous révèle que c'est en grande partie à cause de la qualité des produits, mais il y a un autre aspect.

---

[163] Voir Mohamed Mesloud, *La France, n'a pas besoin de l'Afrique : Mythes et réalités du discours de Nicolas Sarkozy*, Éditions universitaires européennes, 8 novembre 2011.

Cette région est riche en matières premières et la crainte sur le terrain est liée à la peur de voir ce nouvel allié reproduire *ad litteram* les pratiques des ex-puissances coloniales lors de la période des indépendances. Ainsi, les besoins d'un homme d'État ne sont pas toujours ceux de son peuple. Pour éviter d'en arriver au pire, les Chinois doivent premièrement commencer à prendre en considération les requêtes de la société civile africaine. Sans cela, ils pourraient même avoir plus de problèmes à gérer les dossiers africains que les Français dans le futur. Pékin doit comprendre que pour des populations délaissées par un certain type de gouvernements, peu importe leurs bonnes intentions, tout ce qu'ils feront avec des dirigeants dits *corrompus* sera toujours mal perçu par les locaux. Le printemps arabe devrait servir de leçon pour retenir que la balance du pouvoir reste encore instable et imprévisible en Afrique. Deuxièmement, la Chine et les différents États africains doivent combattre les préjugés en commençant par les expatriés chinois qui s'installent en Afrique centrale. Ces derniers se caractérisent malheureusement par un repli automatique sur eux. Ils mangent rarement la nourriture locale et ils vont boire une bière avec des amis africains — si on peut appeler cela amitié — juste lorsqu'il s'agit d'une affaire. À Brazzaville par exemple, les Chinois louent des maisons où ils vivent en communauté retranchée sans vouloir se mélanger à la population locale. Que ce soit les ouvriers, les ingénieurs ou les cadres, il y a de la méfiance et cela nuit énormément à l'établissement d'une confiance mutuelle à tous les niveaux. La charité bien ordonnée commence par soi-même. Si les Chinois veulent quand s'intéresse plus à leur langue et leur culture, ils devraient en faire autant avec les pays africains avec lesquels ils traitent. En gros, la coopération entre la France et la Chine pour travailler en Afrique centrale n'est pas forcément ce que la région attend d'eux.

4.1.2 Manque d'agendas politiques

Dans un deuxième temps, les Africains ne prennent pas part à cette coopération parce qu'ils sont souvent incapables de formuler un agenda politique international et communautaire cohérent à long terme. Ce qui relève d'un manque d'unité, mais surtout d'un manque de stratégie, de vision globale et de politique étrangère par rapport à la France, la Chine ou tout autre investisseur qui s'implante dans la région. En effet, les différents gouvernements doivent comprendre qu'ils peuvent se servir de leurs voix aux Nations Unies et de leurs sociétés civiles pour réduire l'asymétrie qui caractérise les relations entre les pays africains et les autres continents. Si quelques résolutions ne sont pas prises à temps, nous risquons de rater le rendez-vous du 21e siècle qui pourrait faire du continent le nouveau relais du développement économique mondial après l'Asie. Cette nonchalance est très dangereuse pour le bien des générations futures. Elle est comparable à la sûreté religieuse du continent à laisser Dieu tout faire tandis que Dieu accorde la récompense à ceux qui prient, mais qui travaillent dur aussi. Pendant que la Chine s'est réveillée, il semblerait que l'Afrique veuille encore continuer à dormir. Afin de remédier à cette situation, nous proposerons trois résolutions.

> « [...] L'Union Africaine — la plus grande institution sur les lieux — pourrait mettre en place une série de réformes auxquelles tous ses États-membres devraient se plier. Nous conseillerons donc ici des réformes faites par des Africains pour des Africains :

- Première résolution : Tous les pays doivent lancer une vraie lutte contre la corruption au niveau de l'administration locale et du commerce international. En effet, tant que la culture des pots-de-vin perdurera, les résultats du développement seront réduits ;
- Deuxième résolution : Assainir les caisses publiques dans tous les pays africains. Les gouvernements doivent apprendre à économiser pour leurs générations futures et éviter de dilapider leurs ressources pendant les périodes où le prix des matières premières est avantageux. Cette prise de conscience permettra de prévenir les crises financières et les implosions sociales meurtrières, car la paix sur toute l'étendue du territoire africain est la garantie d'attirer de plus en plus d'investisseurs ;
- Troisième résolution : Privatiser les institutions étatiques qui ne fournissent pas suffisamment de richesse locale. Dans le même ordre d'idées, l'État doit améliorer l'environnement des affaires et mettre en place des conditions équitables pour les petits tout comme pour les gros opérateurs économiques. Ce qui sous-entend des lois fiscales et douanières allégées, car nous avons

personnellement constaté que les étrangers sont rois en Afrique. Ces derniers viennent quand ils veulent, vont où ils veulent et font ce qu'ils veulent dans des pays où la loi et des hommes d'État corrompus les protègent au détriment des locaux[164] ».

Après ces résolutions, nous adresserons une série de 5 recommandations concernant le développement de l'Afrique centrale.

4.2 Recommandations pour l'Afrique centrale

- Nous proposons aux diplomates et officiels des 9 pays de l'Afrique centrale de se rassembler autour de la même table. Si nous trouvons que la coopération trilatérale est moins intéressante avec la France et la Chine, nous pensons qu'elle peut marcher pour des pays qui ont plus ou moins le même niveau de développement économique et partagent les mêmes réalités. Pour atteindre la majorité des objectifs de développement plus rapidement, les grandes organisations de la région comme la Communauté Économique des États de l'Afrique Centrale (CEEAC) et la Communauté Économique et Monétaire de l'Afrique Centrale (CEMAC), mais aussi toutes les petites organisations doivent travailler ensemble et impliquer l'UA comme observateur pour trouver les meilleurs secteurs d'activités où injecter les investissements venant de l'extérieur. Ce qui veut dire que l'Afrique centrale doit garder la France et la Chine en compétition quand il le faut et coordonner les coopérations bilatérales avec les deux rivaux en s'assurant que chaque pays ne signe pas de contrats qui ne bénéficieraient pas aux générations futures. D'après Lucas Olo Fernandes, coordinateur Afrique de l'ONG *Transparency International*, la corruption coûterait 50 milliards de dollars par an aux

[164] Nathanaël T. Niambi, "China in Africa: Debtbook Diplomacy?", *op.cit.*, p. 238.

États africains[165]. C'est un phénomène qu'on ne peut pas éradiquer, mais on peut le réduire. Pour cela, nous suggérons la mise en place d'une *Commission Internationale de Développement* qui disposera d'antennes dans chaque pays. Son rôle sera de surveiller toutes les transactions financières opérées avec les Français et les Chinois. Le principal obstacle de cette méthode serait que chaque pays ne voudra pas facilement divulguer les chiffres de ses échanges économiques avec les autres.

- Nous proposons la création d'un *Fonds Commun de Développement* en Afrique centrale. Il servira uniquement à soutenir les pays encore très dépendants des matières premières et exposés aux risques des fluctuations sur les marchés financiers internationaux. Cette coopération économique doit donc être trilatérale et s'effectuer à l'échelle nationale, régionale et continentale. Il suffit de prendre en exemple les mécanismes de coopération entre la Chine et l'Afrique pour comprendre qu'ils sont bien organisés et que chacune de leurs décisions en Afrique n'est pas le fruit du hasard : le FCSA ; les provinces ; les départements de ministères centraux ; le (DAA) Département des Affaires Africaines intégré au ministère des Affaires étrangères ; le MOFCOM, le ministère du Commerce ; le département des Affaires d'Asie occidentale et d'Afrique ; le département d'Aide aux pays étrangers ; etc.[166]. Pourquoi ne pas faire la même chose ?
- Nous proposons aux économistes africains de concevoir des modèles de développement qui correspondent plus aux réalités de l'Afrique centrale. Il ne s'agit pas de tout copier, mais de prendre exemple sur les Nouveaux Pays Industrialisés (NPI) d'Asie. Comme Abdoulaye Wade

[165] Clémentine Pawlotsky, « La corruption au cœur du sommet de l'Union Africaine », *RFI,* 2018. http://www.rfi.fr/afrique/20180122-corruption-coeur-prochain-sommet-union-africaine

[166] Chris Alden et al., *op.cit.,* p. 123.

l'avait déclaré : « L'approche chinoise est tout simplement mieux adaptée à nos besoins que l'approche postcoloniale, lente et parfois condescendante, des investisseurs européens, des donateurs et des organisations non gouvernementales[167] ». En premier lieu, nous pouvons obtenir des pistes à partir du modèle économique développé par le Japonais Kaname Akamatsu : la théorie du vol des oies sauvages. Elle s'appuie sur le modèle des « industries industrialisantes » qui visent à créer un développement significatif en commençant par une base modeste. Elle permettrait une industrialisation progressive de la région, mais le risque serait de voir apparaître certaines zones moins développées que d'autres[168]. En deuxième lieu, nous avons la piste qui repose sur : « [...] les stratégies d'ouverture ou stratégies d'extraversion qui promeuvent une activité productive orientée par les marchés étrangers. Ce modèle permet aux pays en voie de développement d'exporter des produits transformés plutôt que des produits primaires. Un autre de ses avantages consiste à attirer les capitaux étrangers et à développer les transferts de technologie au moyen de l'investissement direct. Cependant, ce modèle présente des risques potentiels comme l'aggravation de la dépendance technologique, le gaspillage des ressources et la crise des marchés financiers[169] ». En gros, il faut chercher à appliquer ce qui a fonctionné pour les autres pays du Sud en prenant en compte nos caractéristiques politiques, culturelles, économiques, géographiques ainsi que nos avantages et limites. Il faudrait également inviter chaque pays à partager ses expériences personnelles de développement pour motiver les autres

---

[167] Wade Abdoulaye, "Time for the West to Practise What it Preaches", *Financial Times*, January 2008. https://www.ft.com/content/5d347f88-c897-11dc-94a6-0000779fd2ac

[168] Voir Akamatsu Kaname, "A Historical Pattern of Economic Growth in Developing Countries", *Journal of Developing Economies*, 1(1), March-August 1962, pp. 3-25.

[169] Julien Bokilo, *op.cit.*, p. 50.

partenaires à fournir plus d'efforts. En effet, nous devons cultiver la culture d'une compétitivité régionale saine et ne pas toujours tout attendre de l'aide étrangère. Un pays comme le Cameroun pourrait par exemple servir de modèle en matière d'agriculture — qui est un secteur clé pouvant créer des conditions d'autosuffisance alimentaire — pour aider les autres territoires qui peinent à diversifier et libéraliser leur économie. En plus, ces derniers ne souffrent d'aucun enclavement majeur et possèdent des atouts naturels. L'Afrique centrale doit sortir du cercle infernal de la consommation pour s'orienter vers la production. Il suffit d'y réfléchir un instant. Un Africain vend du bois brut à un très bas prix à une société étrangère qui opère dans son pays ; quelques semaines plus tard, il paye un billet d'avion coûteux pour aller en Europe ou en Asie ; il se rend dans un magasin pour acheter des meubles de luxe ; il utilisera les services d'un port étranger et payera des frais de cargo à une compagnie asiatique ou européenne pour expédier sa marchandise ; il rentrera dans son pays fier de son voyage et de ses achats. Entre celui qui vend le bois brut et celui qui l'achète à un bas prix pour le transformer puis le revendre plus cher, lequel fait une bonne affaire ? La réponse est évidente. Nous devons donc apprendre à transformer nos matières premières sur place pour y apporter de la valeur ajoutée. Cela sera non seulement une fierté nationale (régionale), mais aussi un moyen d'augmenter les bénéfices liés aux matières premières pour améliorer les conditions de vie des habitants. Après avoir fait en sorte que ces produits répondent aux critères internationaux, il faudra également exiger que ceux-ci soient distribués en France et en Chine. À dire vrai, nous avons vécu près de 6 ans à Wuhan et nous n'avons jamais vu un seul produit de l'Afrique centrale dans les plus grands supermarchés de la place.

- Nous proposons que les gouvernements africains ne mettent en priorité que les contrats français et chinois qui offrent le plus de transferts de technologie — pour renforcer les connaissances des cadres locaux — et le moins d'importations d'ouvriers — pour résorber les taux de chômage. En d'autres termes, il est toujours mieux d'apprendre à pêcher quand on vit près d'une rivière que d'aller au marché acheter du poisson tous les jours. Nous devons chercher à devenir indépendant dans le plus possible de domaines, mais sans rejeter l'aide extérieure. Cette décision va de pair avec le contrôle démographique de la région. Une grosse population peut être un avantage si elle constitue une main-d'œuvre qualifiée. Elle est un frein si tous les jeunes restent sans éducation et sans travail. Cette situation a déjà des conséquences fâcheuses dans les sociétés africaines. Il suffit de mener une enquête dans les villes de ces 9 pays pour remarquer qu'il y a un phénomène grandissant de délinquance. Chaque ville possède au moins un groupe de jeunes bandits livrés à eux-mêmes qui bravent l'autorité publique.

– Nous proposons qu'il y ait plus de considération et de soutien accordés à la recherche académique et scientifique africaine. Nous avons une élite qui n'est pas utilisée à bon escient. Là encore, il faudrait simplement copier ce qui marche. L'État chinois subventionne fréquemment les scientifiques et chercheurs chinois pour bénéficier de leurs conseils et expertises à propos du continent ; en France, c'est pareil. Ce n'est donc pas étonnant qu'on ait l'impression que le monde extérieur connaît mieux ce qui se passe en Afrique que les Africains eux-mêmes. Nous sommes souvent les derniers à savoir ce qui concerne notre propre terre et nous n'y accordons pas une véritable attention. Cette attitude doit être changée, car l'ignorance est un danger permanent : « Knowledge Is Power ». Pour cela, nous demandons donc aux 9 pays d'ouvrir et de subventionner financièrement des cellules de réflexion ou des Think tanks qui permettraient d'apporter une meilleure vision des différents territoires. À ce propos, ces chercheurs doivent être choisis par l'UA et non par les États eux-mêmes. Ce choix devra se focaliser sur le sens patriotique des individus et la qualité de leurs travaux de recherche. En dehors de cela, il faudrait aussi leur octroyer une immunité diplomatique, une liberté de circulation et garantir leur sécurité dans toute la région. Ces mesures permettront d'éviter les conflits d'intérêts. Les chercheurs choisis pourront ainsi librement exprimer leur point de vue pour le bien des populations et de la région sans être influencés par leurs pays respectifs. Enfin, il faudra prévoir un groupe de chercheurs qui travailleront sur le cas de la Chine ; mettre en priorité l'élite africaine sinophile ; et dans le cas de la France une élite francophile. En favorisant les échanges universitaires avec des chercheurs africains pouvant parler le chinois et le français, nous pensons que tout le monde aura à y gagner sur le plan culturel, scientifique et économique.

Tout bien pesé, l'Afrique centrale doit proposer et agir. Il faut arrêter de suivre et accepter aveuglément tout ce qui vient de l'étranger sans réfléchir au bien de la communauté. Nous devons avoir une meilleure organisation et un agenda politique régionaux bien définis lors des rencontres internationales comme celles du Sommet Chine-Afrique ou Afrique-France. Par contre, si les conditions ne le permettent pas, nous recommanderons donc aux politiques de l'Afrique centrale de garder le modèle des coopérations bilatérales et de s'abstenir. Si les différents points signalés précédemment pour établir un vrai dialogue trilatéral peuvent être réglés et qu'il y a plus de consultation de la partie africaine, il est possible de s'engager dans une coopération trilatérale avec la France et la Chine. Voici comment nous pensons que l'Afrique centrale et l'Afrique en général peuvent utiliser les coopérations bilatérales ou trilatérales pour sortir de la pauvreté et se frayer une voie vers le développement.

5. Conclusion

En l'espace de trois années (2013-2014-2015), les échanges bilatéraux entre la France et la Chine ont gagné en puissance. Cette fièvre diplomatique a conduit au rapprochement des deux États. Sur le plan historique et économique, la Chine et la France ont toujours entretenu des rivalités en Afrique centrale en ce qui concerne l'exploitation des ressources naturelles. Toutefois, pour continuer à en tirer profit dans les différents pays concernés, il est primordial que la zone soit en paix et que la sécurité de leurs ressortissants soit assurée. La France est installée en Afrique depuis la période coloniale. Elle y possède une forte influence politique, militaire, économique et culturelle, mais elle manque de financements. En près de 15 ans, la Chine a intensifié ses rapports avec le continent et possède désormais de nombreux marchés dans cette zone. Ses investissements se multiplient d'année en année en même temps que son influence diversifiée qui n'a cessé de rivaliser avec celle de la France, mais elle manque d'expérience à plusieurs niveaux. C'est pourquoi en fonction de leurs atouts et de leurs besoins respectifs, les deux pays ont décidé de commencer un nouveau chapitre de leurs relations en Afrique centrale pour se compléter.

En effet, après avoir rendu leur partenariat global et stratégique en 2014, le gouvernement français et chinois ont signé une déclaration conjointe sur la coopération sino-française en marchés-tiers en 2015. C'est la raison pour laquelle il y a eu la naissance de nombreuses théories sur le passage d'une compétition bilatérale entre la France et la Chine en Afrique centrale vers la coopération. En présence de trois acteurs, il était inévitable de ne pas aussi penser à une coopération trilatérale. Néanmoins, même si les gouvernements ont intensifié leur partenariat, de nombreux obstacles se dressent face à ces nouveaux types de relations dont l'Afrique centrale fait partie. Après avoir réalisé une recherche documentaire sur plusieurs données (anciennes et nouvelles) et mené notre investigation sur les pays ciblés en utilisant une approche comparative et qualitative, nous avons découvert qu'au niveau des compagnies françaises et chinoises implantées en Afrique centrale, les chances de collaboration sont très faibles. Le facteur compétition est plus élevé que le facteur coopération lorsqu'on prend en considération les intérêts nationaux en jeu de la France et de la Chine en Afrique centrale. Ceux-ci sont à la fois économiques, diplomatiques, géostratégiques et culturels et demeurent hétérogènes la plupart du temps.

La forte médiatisation qui accompagne les rencontres pourrait amener à penser que la coopération entre les deux acteurs est en train de gagner en ampleur. Mais après les annonces diplomatiques, c'est souvent le silence radio. En matière de Realpolitik[170], la France et la Chine ne sont pas encore prêtes à être des partenaires égaux en Afrique. En outre, le fait qu'ils aient les mêmes objectifs en Afrique centrale font d'eux des rivaux et non des ennemis. D'où leur décision de s'allier se résume donc à être à deux pour mieux pénétrer le marché africain qui devient de plus en plus attractif. S'il n'y avait pas de complémentarités nécessaires dans certains secteurs, ces deux acteurs n'auraient jamais signé d'accords concernant l'Afrique. Les Chinois ont toujours répété qu'ils n'avaient pas besoin d'une aide étrangère pour s'implanter sur le sol africain. Leur succès en est la preuve. En matière de coopération trilatérale, ils préfèrent travailler avec les BRICS. Les Français qui voulaient faire cavalier seul en Afrique sont ceux qui ont actuellement le plus besoin de l'aide chinoise, car ils manquent de financements et sont en perte d'influence. En matière de coopération trilatérale, ils préfèrent travailler avec les autres puissances européennes et les USA. En dehors de cela, il faut noter une grande différence de fonctionnement entre le gouvernement français et chinois. En Chine, il y a l'État, mais il y a aussi les provinces et d'autres institutions qui possèdent un réel pouvoir. *L'adaptabilité du système chinois* face à la *rigidité du système français* représente également un frein dans la mesure où il n'y a pas de règles fixes. En matière de coopération, la relation entre l'État central et les

---

[170] Nous faisons ici référence à la définition française de la realpolitik. Ce terme offre ainsi deux sens. Un sens positif : accepter la réalité et abandonner ses idéaux ; un sens négatif : résolution provisoire des problèmes par manque de vision politique. Dans notre texte, il s'agit du deuxième sens.

collectivités territoriales en Chine est difficile à appréhender. Les rencontres de Wuhan entre les Français et les Chinois en sont une preuve. L'objectif de ces rencontres qui se sont déroulées le 27 et 28 octobre 2005 à Wuhan en Chine était d'améliorer la coopération décentralisée entre les deux pays et notamment dans le domaine de l'urbanisme qui a été identifié par les deux parties comme un sujet porteur. La recherche d'homologues vouée à l'échec ; un décalage de légitimation ; des différences de représentation révélatrices du rapport entre le niveau central et local[171].

Au terme de cette étude, nous pensons donc que la France et la Chine passeront de la compétition à la coopération en Afrique centrale, mais celle-ci se limitera à la sécurité, l'aide humanitaire et l'aide au développement. À partir de ce moment, il serait mieux de parler d'entraide étatique plutôt que de coopération internationale. Quant à l'éventualité d'une coopération trilatérale avec l'Afrique en général, il faudra obligatoirement que la politique étrangère franco-chinoise et tous les opérateurs économiques (privés et publiques) soient synchronisés pour qu'elle devienne une réalité. Pour ce faire, le seul moyen est de laisser l'Afrique proposer les secteurs capables d'assurer sa croissance économique. En effet, les inégalités de développement doivent être réduites. Il faudrait que les trois acteurs soient à la même hauteur dans la prise de décision. Dans la conclusion de son étude sur les relations trilatérales, Anna Katharina Stahl élargit même le champ des partenaires en déclarant que : « Le passage de l'UE vers un partenariat égal concernant la Chine et l'Afrique est le principal obstacle à un dialogue trilatéral[172] ». Il faudra donc de la patience et de nombreuses rencontres pour parvenir à ce résultat. L'Afrique centrale ne doit pas en attendre davantage et essayer de régler ses problèmes internes (corruption, dette, terrorisme, trafic humain,

---

[171] Anaïs Ravet, *La relation entre l'État central et les collectivités locales en Chine. Regards croisés sur les représentations et les pratiques de la coopération décentralisée*, Master recherche deuxième année défendu à l'Institut d'Études Politiques de Paris, septembre 2006, pp. 35-36.

[172] Voir Anna Katharina Stahl, *Hic Sunt Dracones: Exploring the Uncharted Territory of EU-China-Africa Trilateral Relations*, PhD diss, Virje Universiteit Brussel, 2014, pp. 271-278.

prolifération des armes, démocratie, gabegie financière, patriotisme, éducation, etc.). Personne ne le fera mieux qu'elle. Le développement de l'Afrique doit être et demeurer une responsabilité africaine[173].

Chaque fois que les hommes d'État français et chinois se rencontrent, l'établissement d'une coopération trilatérale avec l'Afrique revient souvent dans les discussions. Force est de constater que cette situation rappelle beaucoup la conférence de Berlin[174] où le sort de l'Afrique était décidé par des nations étrangères sans sa participation. C'est pourquoi les diplomates africains doivent se concentrer sur les coopérations bilatérales et ne pas se laisser entraîner dans une relation triangulaire France-Chine-Afrique qui ne leur rapportera rien sur le long terme. Cela ne veut pas dire que l'Afrique devrait refuser de coopérer plus avec la France ou la Chine. Du 11 au 14 mars 2019, lors de la dernière tournée africaine de Macron (Djibouti, Éthiopie, Kenya), une journaliste a demandé à Uhuru Kenyatta quelle était la différence entre la contribution française et chinoise dans son pays. Le président kenyan a sagement répondu que l'on ne pouvait pas comparer les pommes aux oranges même si elles sont toutes bonnes. Nous devons simplement tirer profit de ce que tout le monde offre[175]. À partir du moment que le continent fait partie de la communauté internationale, ce serait une hérésie de penser qu'il peut s'en sortir tout seul. Au contraire, les Africains doivent apprendre à mettre de côté leur rancune envers le colonialisme et le racisme multiforme pour ne se focaliser que sur les opportunités de développement. Pour devenir riches, même les plus grands pays de ce monde se sont endettés auprès des

[173] Nathanaël T. Niambi, "China in Africa: Debtbook Diplomacy?", *op.cit.*, p. 237.

[174] La Conférence de Berlin, également connue sous le nom de "Conférence de l'Afrique de l'Ouest" ou "Conférence du Congo", a eu lieu à Berlin du 15 novembre 1884 au 26 février 1885. Organisé par le premier chancelier d'Allemagne, Otto Von Bismarck, elle a réuni plusieurs pays européens autour du partage et de la division territoriale de l'Afrique sans l'Afrique.

[175] Marc Semo, « Emmanuel Macron vend la marque France en Afrique de l'Est », *Le Monde Afrique*, Mars 2019.
https://www.lemonde.fr/afrique/article/2019/03/14/emmanuel-macron-vend-la-marque-france-en-afrique-de-l-est_5435909_3212.html

autres[176]. À notre avis, ce sont les pays africains, les régions africaines, les institutions régionales et continentales qui doivent entretenir des relations trilatérales afin de créer plus de marge de manœuvre pour l'ensemble du continent. Avec l'arrivée de nouveaux investisseurs asiatiques comme l'Inde ou la Turquie, le retour d'anciens investisseurs comme le Japon ou l'Allemagne, la meilleure stratégie pour atteindre ce but est de tous les mettre en situation de compétition afin de profiter des meilleures offres. En définitive, l'Afrique centrale a besoin de la Chine et de la France, mais il lui faut aussi une politique étrangère concrète pour gérer toutes les sortes de coopération qu'elle peut entretenir avec l'ancien et le nouveau partenaire. En dépit de la multiethnicité du continent, la prochaine question doit être : Comment développer une diplomatie régionale et continentale pour relever les défis mondiaux de ce 21e siècle ? Sans cela, l'expression de *continent d'avenir* ne sera qu'une utopie de plus. C'est pourquoi nous terminerons ce travail par un proverbe congolais : « Un seul doigt ne peut pas laver le visage ».

[176] Voir Nathanaël T. Niambi, "China in Africa: Debtbook Diplomacy?", *Open Journal of Political Science*, 9, 2019, pp. 220-242. https://doi.org/10.4236/ojps.2019.91012

Liste des images

Image 1: Principales compagnies pétrolières (France-Chine) 39
Image 2 : Chine-France, course diplomatique en Afrique (2017-2018) 61
Image 3 : Chine-France-Afrique : 5 étapes importantes de coopération politique (2013-2018) 92

Liste des tableaux

Tableau 1 : Interventions françaises en Afrique centrale 74
Tableau 2 : Compétition : Ressemblances et différences 96
Tableau 3 : Coopération : Ressemblances et différences 97
Tableau 4 : Première et seconde série de questions 103

Abréviations et acronymes

UA : Union Africaine
AFC : department of Aid to Foreign Countries (MOFCOM)
AIIB : Asian Infrastructure Investment Bank
ABC : Agricultural Bank of China
ASB : Alcatel-Lucent Shanghai Bell
ADSL : Asymmetric Digital Subscriber Line
B2B : Business-to-Business
BSL4 : Biosafety Level 4
BRICS : Brésil, Russie, Inde, Chine, Afrique du Sud
BSCA : Banque Sino-Congolaise pour l'Afrique
CARI : China Africa Research Initiative
CASS : Chinese Academy of Social Sciences
CHINCA : China International Contractors Association
CDC-IC : Caisse des Dépôts et Consignations-International Capital
CIRAD : Centre de coopération internationale en recherche agronomique pour le développement
CNRS : Centre National de la Recherche Scientifique
CEMAC : Communauté Économique et Monétaire de l'Afrique Centrale
CAS : Chinese Academy of Sciences
CHEC : China Harbour Engineering Company Ltd
CIC : China Investment Corporation (fonds souverain chinois)
CDC : Caisse des Dépôts et Consignations
CNOOC : China National Offshore Oil Corporation
CNPC : China National Petroleum Corporation
CRC : China Railway Construction
CAN : Coupe d'Afrique des Nations de football
CSCEC : China State Construction & Engineering Co., Ltd.
CWE : China International Water & Electric Corp
CNR : Centre National de Référence

DAA : Department of African Affairs (非洲司)
DWANAA : The Department of West Asian and North African Affairs (西亚北非司)
RDC : République Démocratique du Congo
Exim-Bank : Export-Import Bank of China
UE : Union Européenne
CEEAC : Communauté Économique des États de l'Afrique Centrale
EHESS : École des Hautes Études en Sciences Sociales
FCSA : Forum sur la Coopération Sino-Africaine
IDE : Investissements Directs Étrangers
FGP : Flying Geese Paradigm (le vol des oies sauvages)
AFD : Agence Française de Développement
FCFA : Franc CFA d'Afrique centrale (XAF)
IFG : Institut Français de Géopolitique
IDE-JETRO : Institute of Developing Economies Japan External Trade Organization
ICBC : Industrial Commercial Bank of China
IPS : Institute Pasteur of Shanghai
FMI : Fonds Monétaire International
MFA/MAE : Ministry of Foreign Affairs/Ministère des Affaires Étrangères
MOFCOM : Ministère du commerce de la RPC
MPLA : Mouvement Populaire de Libération de l'Angola
MEDEF : Mouvement des entreprises de France
MINUSMA : Mission multidimensionnelle intégrée des Nations unies pour la Stabilisation au Mali
NPI : Nouveaux Pays Industrialisés
OTAN : Organisation du Traité de l'Atlantique Nord
OBOR : One Belt One Road
OCDE : Organisation de Coopération et de Développement Économiques
OUA : Organisation de l'Unité Africaine (maintenant UA)

OSCI : Opérateurs Spécialisés du Commerce International
PPA : Parité de Pouvoir d'Achat
RPC : République Populaire de Chine
PKOs : Peacekeeping Operations
SOE : State-Owned Enterprise (entreprise d'État)
SINOPEC : China Petroleum and Chemical Corporation
PME : Petite et Moyenne Entreprise
SEFI : Syndicat des Entrepreneurs Français Internationaux
TNC : Transnational Corporation (firme transnationale)
ONU : Organisation des Nations Unies
UNITA : Union Nationale pour l'Indépendance Totale de l'Angola
UNESCO : Organisation des Nations unies pour l'Éducation, la Science et la Culture
BM : Banque Mondiale
WIETC : Weihai International Economic & Technical Cooperative Co., Ltd.

Bibliographie[177]

A. Ouvrages théoriques et généraux

1. Adama Gaye, *Chine-Afrique : Le Dragon et l'Autruche,* L'Harmattan, 2006, 300 p.
2. Anna Katharina Stahl, *EU-China-Africa. Trilateral Relations in a Multipolar World 2017: Hic Sunt Dracones*, Palgrave MacMillan, 2017, 228 p.
3. Chris Alden, *China in Africa: Partner, Competitor or Hegemon? (African Arguments),* Zed Books Ltd, Second impression, 2008, 157 p.
4. Chris Alden, *New directions in Africa-China Studies*, Routledge, 2017, 280 p.
5. Deborah Brautigam. *The Dragon's Gift: The Real Story of China in Africa*, Oxford University Press, 2009, 416 p.
6. Hantrais Linda and Managen Steen, *Method and Management of Cross-national Social Research*, Cassel, 1996, 106 p.
7. Ian Taylor & Paul Williams, *Africa in International Politics: External Involvement on the Continent*, Routledge, 2004, 240 p.
8. Jean-Jacques Gabas & Jean-Raphaël Chaponnière, *Le Temps de la Chine en Afrique, enjeux et réalités au sud du Sahara*, Karthala et Gemde, 2012, 216 p.
9. Jean-Pierre Cabestan, *La Politique internationale de la Chine, entre intégration et volonté de puissance*, Presses de Sciences Po, Collection Sciences Po Mondes, 2010, 460 p.
10. Jing Men, *China and Africa: Old friends, New partners in Dancing with the Dragon? China Emergence in the Developing World*, Rowan and Littlefield, 2010, 139 p.

[177] Quelques citations figurant dans ce livre ont été traduites par l'auteur en personne (anglais-français).

11. John W. Creswell, *Research Design, Qualitative, Quantitative, and Mixed Methods Approaches* (3rd ed.), Sage Publications Inc., 2009, 270 p.
12. Joseph Nye, *Bound to Lead: The Changing Nature of American Power*, New York, Basic Books, 1990, 336 p.
13. Joshua Kurlantzick, *Charm Offensive: How China's Soft Power is Transforming the World*, Yale University Press, 2007, 306 p.
14. Julien Bokilo-Lossayi, *China in Africa, Competition between China, Traditional Partners of Africa and BRICS Countries,* L'Harmattan, 2011, 106 p.
15. Julien Bokilo-Lossayi, *La Chine au Congo-Brazzaville. Stratégie de l'enracinement et conséquences sur le développement en Afrique*, L'Harmattan, 2012, 312 p.
16. Mohamed Mesloud, *La France, n'a pas besoin de l'Afrique : Mythes et réalités du discours de Nicolas Sarkozy*, Éditions universitaires européennes, 8 novembre 2011, 232 p.
17. Morgenthau Hans J., *Politics among Nations, The Struggle for Power and Peace*, New York, Alfred Knopf, 6th ed., 1985, 688 p.
18. Roland Louvel, *Quelle Afrique pour quelle coopération ? Mythologie de l'aide française,* L'Harmattan, 1994, 196 p.
19. Samuel Huntington, *The Clash of Nations and the Remaking of World Order,* Simon & Schuster, 1996, 368 p.
20. Serge Michel, Michel Beuret, Paolo Woods, *On the Trail of Beijing's Expansion in Africa,* Avalon Publishing Group, 06 August, 2009, 336 p.
21. Serge Michel et Michel Beuret, *La Chinafrique : Pékin à la conquête du continent noir*, Grasset & Fasquell, 2008, 348 p.
22. Tanguy Struye de Swielande, *La Chine et les grandes puissances en Afrique. Une approche géostratégique et géoéconomique*, UCL Presses universitaires de Louvain, 2011, 196 p.

B. Journaux en ligne et magazines

23. Abdi Latif Dahir, "There Is Growing Momentum to Adopt China's Yuan as Reserve Currency in Africa", *QZ*, 2018. https://qz.com/africa/1291372/chinas-yuan-gets-support-from-africa-central-banks-to-replace-us-dollar-reserve/
24. Alice Grandserre, « Coopération tripartite en Afrique », *Chinafrique*, 2014. http://www.chinafrique.com/F_Business/txt/2014-08/18/content_635394.htm
25. Amira Soltane, « La Chine et les groupes français misent sur le marché africain de l'audiovisuel », *Djazairess*, Décembre 2015. https://www.djazairess.com/fr/lexpression/232506
26. Anne Driff, « La France et la Chine s'allient pour investir à l'international », *Les Échos*, 14 novembre 2016. Available at https://www.lesechos.fr/14/11/2016/lesechos.fr/0211491747052_la-france-et-la-chine-s-allient-pour-investir-a-l-international.htm
27. Antoine Izambard, « Afrique, Chine, Macron… Les vérités du patron de l'Agence française de développement », *Challenges,* 2018. https://www.challenges.fr/monde/afrique/afrique-chine-emmanuel-macron-afd-remy-rioux_612891
28. Anne Cheyvialle, « L'export français à la peine en Afrique, concurrencé par la Chine », *Le Figaro*, 2018. http://www.lefigaro.fr/conjoncture/2018/08/07/20002-20180807ARTFIG00238-l-export-francais-a-la-peine-en-afrique-concurrence-par-la-chine.php
29. Business in Cameroon, "Cameroon: Chinese Csr Nanjing Pulszen Hands 11.7 billion FCFA Deal to CAMRAIL", *Business in Cameroon*, 2014. https://www.businessincameroon.com/transport/1701-4581-cameroon-chinese-csr-nanjing-pulszen-hands-11-7-billion-fcfa-deal-to-camrail

30. Capital, « Les Entreprises françaises veulent contrer l'offensive de la Chine en Afrique », *Capital*, 2016. https://www.capital.fr/entreprises-marches/les-entreprises-francaises-veulent-contrer-l-offensive-de-la-chine-en-afrique-1120605
31. Clémentine Pawlotsky, « La corruption au cœur du sommet de l'Union Africaine », *RFI,* 2018. http://www.rfi.fr/afrique/20180122-corruption-coeur-prochain-sommet-union-africaine
32. Chanel Monteine, "Macron's Africa Visit Reveals Determination to Weaken China's Grip on the Continent", *CNBC*, March 2019. https://www.cnbc.com/2019/03/16/macrons-africa-visit-reveals-determination-to-weaken-chinas-grip-on-the-continent.html
33. Chris V. Nicholson, "Tullow Sells Stakes in Ugandan Project to Total and Cnooc", *Dealbook New York Times,* 2011. https://dealbook.nytimes.com/2011/03/30/tullow-sells-cnooc-and-total-stakes-in-uganda/
34. Courrier International, « Développement. Chine-Afrique, un beau mariage ? », *Courrier International*, 2007. https://www.courrierinternational.com/article/2007/02/13/chine-afrique-un-beau-mariage
35. Financial Afrik, « Emmanuel Macron : Usages et usure d'un clientélisme », *Financial Afrik*, 2017. https://www.financialafrik.com/2017/08/30/emmanuel-macron-la-france-ne-saurait-etre-ce-pays-postcolonial/
36. François de la Chevalerie, Scarlet Wang, « Les succès du BTP chinois en Afrique annoncent-ils la fin du BTP français ? », *Le Moniteur*, 2007. https://www.lemoniteur.fr/article/les-succes-du-btp-chinois-en-afrique-annoncent-ils-la-fin-du-btp-francais-par-francois-de-la-chevalerie-et-scarlet-wang.410004
37. French.China, « Le Laboratoire P4 de Wuhan : la coopération médicale sino-française », *French.China*, 2018. http://french.china.org.cn/china/txt/2018-04/18/content_50906146.htm

38. Gérald Mounomby, « Can-2017 : Les entreprises françaises à l'écart au profit des consortiums chinois », *Gabon Review*, juillet 2015. http://www.gabonreview.com/blog/can-2017-les-entreprises-francaises-a-lecart-au-profit-des-consortiums-chinois/
39. He Wenping, "Africa Should Jump on the China Bandwagon, article republished under the following title: How Far Can China Go in Africa?", *The Flagship theory journal of the Central Committee of the Communist Party of China*, January 2014. Available at https://chinaafricaproject.com/prcs-top-africa-scholar-africa-jump-china-bandwagon/
40. Hermann Boko, « La France perd des parts de marché en Afrique, l'Allemagne y voit un potentiel de croissance », *France 24*, 2018. https://www.france24.com/fr/20181030-france-parts-marche-afrique-allemagne-investissements-exportations
41. La Libre Afrique, « En tournée africaine, le président chinois signe des accords avec le Rwanda », *La Libre Afrique*, juillet 2018. https://afrique.lalibre.be/21937/en-tournee-africaine-le-president-chinois-signe-des-accords-au-rwanda/
42. Le Figaro, « Le golfe de Guinée, épicentre de la piraterie », *Le Figaro*, 2016. http://www.lefigaro.fr/flash-eco/2016/10/10/97002-20161010FILWWW00193-le-golfe-de-guinee-epicentre-de-la-piraterie.php
43. Le Figaro, Le Cameroun libère des otages de Boko Haram, *Le Figaro*, 2015. http://www.lefigaro.fr/flash-actu/2015/01/19/97001-20150119FILWWW00192-le-cameroun-libere-des-otages-de-boko-haram.php
44. L'expansion, l'express, La France et la Chine vont créer un fonds de 2 milliards d'euros, *AFP*, 2016. https://lexpansion.lexpress.fr/actualites/1/actualite-economique/la-france-et-la-chine-vont-creer-un-fonds-de-2-milliards-d-euros_1850350.html

45. Le Tchadanthropus-tribune, Macron à la remorque de la Chinafrique – Paris écrasé par les grands travaux de Pékin, *Le Tchadanthropus-tribune*, 2018. https://www.letchadanthropus-tribune.com/tchad-afrique-france-chine-macron-a-la-remorque-de-la-chinafrique-paris-ecrase-par-les-grands-travaux-de-pekin/

46. Loup Viallet, Le franc CFA, une discorde africaine : seule une minorité prétend en sortir, *Les Echos*, 2017. https://www.lesechos.fr/idees-debats/cercle/cercle-179321-le-franc-cfa-une-discorde-africaine-seule-une-minorite-de-dirigeants-africains-pretend-en-sortir-2154303.php
47. Ludovic Lamant, L'Afrique au centre, Comment la Chine s'est emparée d'un continent, *Mediapart*, 9 juin 2008. https://www.mediapart.fr/journal/international/090608/l-afrique-au-centre-1-comment-la-chine-s-est-emparee-d-un-continent
48. Marc Semo, Emmanuel Macron vend la marque France en Afrique de l'Est, *Le Monde Afrique*, Mars 2019. https://www.lemonde.fr/afrique/article/2019/03/14/emmanuel-macron-vend-la-marque-france-en-afrique-de-l-est_5435909_3212.html
49. Maria Malagardis, « Macron, un « Africa tour » plus sécuritaire qu'humanitaire », *Libération*, juillet 2018. https://www.liberation.fr/planete/2018/07/01/macron-un-africa-tour-plus-securitaire-qu-humanitaire_1663306

50. Martin Mateso, « Pierre Gattaz : l'entreprise française veut reconquérir l'Afrique sans arrogance », *Geopolis*, 2016. https://www.francetvinfo.fr/monde/afrique/pierre-gattaz-l-entreprise-francaise-veut-reconquerir-lafrique-sans-arrogance_3062159.html
51. Michel Lachkar, « La Chine installe à Djibouti, sa première base navale, *Franceinfo : Afrique* », 2016. https://www.francetvinfo.fr/monde/afrique/djibouti/la-chine-installe-a-djibouti-sa-premiere-base-navale-a-letranger_3064509.html

52. News Wires, “Macron pledges closer French economic ties on first-ever visit to Kenya”, *France 24*, 2019. https://www.france24.com/en/20190313-france-kenya-macron-visit-economy-trade-kenyatta

53. Olivier Ndenkop, « Centrafrique : les raisons cachées de l’intervention française », *Investg’action*, décembre 2013. https://www.investigaction.net/fr/Centrafrique-les-raisons-cachees/

54. Presstv, « Macron en Inde : entre emballement médiatique et modestes réalité », *Presstv*, Mars 2018. https://www.presstv.com/DetailFr/2018/03/10/554957/Macron-France-Inde

55. Romain Brunet, « Le partenariat France-Chine en Afrique déterré par Emmanuel Macron », *France 24*, 2018. https://www.france24.com/fr/20180110-france-chine-afrique-emmanuel-macron-xi-jinping-partenariat-afd-developpement-climat

56. Sébastien Le Belzic, « La France veut monter dans le train de la Chinafrique », *Le Monde*, 2016. https://www.lemonde.fr/afrique/article/2016/03/07/la-france-veut-monter-dans-le-train-de-la-chinafrique_4877903_3212.html

57. Sébastien Le Belzic, « Quand Ébola se retrouve au cœur de la stratégie chinoise en Afrique de l’Ouest », *Le Monde*, 2015. https://www.lemonde.fr/afrique/article/2015/10/12/quand-ebola-se-retrouve-au-c-ur-de-la-strategie-chinoise-en-afrique-de-l-ouest_4787582_3212.html

58. Sébastien Le Belzic, « La Chine et la France dans un ménage à trois avec l’Afrique », *Le Monde*, 2015. https://www.lemonde.fr/afrique/article/2015/02/09/la-chine-et-la-france-dans-un-menage-a-trois-avec-l-afrique_4572735_3212.html

59. Sébastien Le Belzic, « Le yuan chinois continue sa conquête de l’Afrique », *Le Monde*, 12 juin 2018.

https://www.lemonde.fr/afrique/article/2018/06/12/le-yuan-chinois-continue-sa-conquete-de-l-afrique_5313670_3212.html
60. Sébastien Lebelzic, « La Chine, la France et l'Afrique cherchent à bâtir une relation de confiance », *Le Monde,* avril 2016. https://www.lemonde.fr/afrique/article/2016/04/18/la-chine-la-france-et-l-afrique-cherchent-a-batir-une-relation-de-confiance_4904042_3212.html
61. Sebastien Lebelzic, « Dans le pré carré français, la Chine taille des croupières aux entreprises tricolores », Le Monde, mars 2019https://www.lemonde.fr/afrique/article/2019/03/04/dans-le-pre-carre-francais-la-chine-taille-des-croupieres-aux-entreprises-tricolores_5431306_3212.html
62. Tanguy Berthemet, « Le virus Ebola frappe à nouveau au Congo-Kinshasa », *Le Figaro*, 2018. http://www.lefigaro.fr/international/2018/05/09/01003-20180509ARTFIG00199-le-virus-ebola-frappe-a-nouveau-au-congo-kinshasa.php
63. Thais Brouck, « Dossier infrastructures : Veni, vidi…Vinci », *Jeune Afrique*, avril 2014. https://www.jeuneafrique.com/11182/economie/dossier-infrastructures-veni-vidi-vinci
64. Véronique Chocron, « En Afrique, Société Générale recrute des conseillers Chinois », *Le Monde*, décembre 2018. https://www.lemonde.fr/economie/article/2018/12/04/en-afrique-societe-generale-recrute-des-conseillers-chinois_5392465_3234.html
65. Wade Abdoulaye, "Time for the West to Practise What it Preaches", *Financial Times*, January 2008.

https://www.ft.com/content/5d347f88-c897-11dc-94a6-0000779fd2ac

66. Xinhua, « Le laboratoire P4 de Wuhan : la coopération médicale sino-française », *Xinhua*, 2018. http://french.xinhuanet.com/2018-05/10/c_137169033.htm
67. Yun Sun, "How China Views France's Intervention in Mali: An Analysis", *Brookings* 2013. https://www.brookings.edu/opinions/how-china-views-frances-intervention-in-mali-an-analysis/

C. Groupes de défense, institutions internationales, ONG, think tanks, gouvernements, chapitres et documents de travail

68. Akamatsu Kaname, "A Historical Pattern of Economic Growth in Developing Countries", *Journal of Developing Economies,* 1(1), March-August 1962, pp. 3-25.
69. Anna Katharina Stahl, "China's Relations with Sub-Saharan Africa", *Istituto Affari Internazionali IAI*, 2016, 29 p.
70. Antoine Kernen, « Les stratégies chinoises en Afrique : du pétrole aux bassines en plastique », *Politique Africaine*, No5, Éditions Khathala, 2007, pp. 163-180.
71. Arnaud Schaumasse, « Chinafrique avez-vous dit ? France et Chine sur le continent africain : de l'inévitable rivalité à la nécessaire coopération ? », *Outre-Terre*, n° 30, 2011, pp. 325-334.
72. Chris Alden, « Chine Afrique : facteur et résultante de la dynamique mondiale », *Afrique contemporaine 4* (n°228), pp. 119-133.
73. Chris Alden, "Seeking Security in Africa: China's Evolving Approach to the African Peace and Security Architecture", *NOREF Norwegian Peacebuilding Resource Centre*, Report, March 2014, 9 p.

74. Conseil économique et social, « Développement du tiers monde et croissance française », *Journal Officiel de la République Française*, 1993, p. 17.
75. Daniela Kroslak, "France's Policy towards Africa: Continuity or Change*?", Africa in international politics: external involvement on the continent*, 2004, pp. 61-80.
76. Danièle Domergue, « Coopération et interventions militaires en Afrique : la fin d'une aventure ambiguë ? », *Presses Universitaires de France*, Guerres mondiales et conflits contemporains No. 191, Octobre 1998, pp. 117-134.
77. Franck Petiteville, « Quatre décennies de coopération franco-africaine : usages et usure d'un clientélisme », *Études internationales*, 27 (3), pp. 571-601. https://doi.org/10.7202/703630ar
78. "G5 Sahel Joint Force and the Sahel Alliance", *French Foreign Diplomacy*, 2017. https://www.diplomatie.gouv.fr/en/french-foreign-policy/defence-security/crisis-and-conflicts/g5-sahel-joint-force-and-the-sahel-alliance/#
79. Henri Mova Sakanyi, « La Chine en Afrique : Grammaire d'un basculement stratégique », *Dounia-CISRI*, L'Harmattan, 2010, pp. 91-123.
80. Ian Taylor, "The All-weather Friend?", article issued from *Africa in International Politics: External Involvement on the continent*, chapter 4, Routledge Taylor & Francis Group, 2004, 19 p.
81. Ian Taylor, "China's Oil Diplomacy in Africa", *International Affairs*, Volume 82, Issue 5, 2006, pp. 938-959. https://doi.org/10.1111/j.1468-2346.2006.00579.x
82. Institute of Developing Economies Japan External Trade Organization (IDE-JETRO), "China in Africa, a Strategic Overview", *Executive Research Associates (Pty) Ltd*, October 2009, 104 p.

83. Jean Emmanuel Pondi, « La Coopération Franco-africaine vue d'Afrique », *Revue Internationale et Stratégique,* No 45, Armand Colin, 2002, pp. 127-136.
84. Jeanny Lorgeoux, Jean-Marie Bockel, « L'Afrique est notre avenir », *Rapport d'information N°104 Sénat*, session ordinaire de 2013-2014, 501 p.
85. Jean-Pierre Cabestan, « Les Relations Chine-Afrique : nouvelles responsabilités et nouveaux défis d'une puissance en devenir », *Hérodote*, n° 150, 2013, pp. 150-171.
86. Julien Bokilo, « Approches comparatives de la dépendance du Congo à l'égard de la France et de la Chine », Revue *CAMES/SJP*, n°001, 2017, pp. 173-185.
87. "Joint Statement on the Franco-Chinese in Third Markets (Case of Africa)", *Government of the French Republic*, Paris, 6 July, 2015. https://www.gouvernement.fr/sites/default/files/document/document/2015/07/declaration_franco-chinoise-partenariat-marches-tiers_1.pdf
88. Li Anshan, Liu Haifang, Pan Huaqiong, Zeng Aiping and He Wenping, "FOCAC Twelve Years Later: Achievements, Challenges and The Way Forward", *Uppsala,* Peking University & Nordiska afrikainstitutet, Discussion paper 74, 63 p.
89. Mamoudou Gazibo, Olivier Mbabia, « La politique africaine de la Chine montante à l'ère de la nouvelle ruée vers l'Afrique », *Etudes Internationales*, Vol. 41, n° 4, 2010, pp. 521-546. DOI: 10.7202/045561ar
90. MEDEF, « Pour une politique Africaine active de la France », *MEDEF & MEDEF International*, 2017, 6 p. https://www.medef.com/uploads/media/node/0001/01/2657ac8007a3dc2be3226ae2d658cfba167b548c.pdf.

91. Michel Beuret, Serge Michel, « La Chine a-t-elle un plan en Afrique ? », *Afrique contemporaine, 4* (n°228), 2008, pp. 48-68. DOI : 10.3917/afco.228.0049.
92. Mogopodi Lekorwe, Anyway Chingwete, Mina Okuru et Romaric Samson, "China's Growing Presence in Africa Wins Largely Positive Popular Reviews", *Round 6 Afrobarometer*, dispatch No 122, October 2016, 31 p. http://afrobarometer.org/sites/default/files/publications/Dispatches/ab_r6_dispatchno122_perceptions_of_china_in_africa1.pdf
93. Moritz Weigel, Alexander Demissie, "A New Climate Trilateralism? Opportunities for Cooperation between the EU, China and African Countries on Addressing Climate Change", *The China Africa Advisory*, 8, 2017, 28 p.
94. Nathanaël T. Niambi, "Bilateral Cooperation between China and Congo-Brazzaville: The Other Side of the Ledger", *Open Journal of Political Science*, 8, 2018, pp. 227-238. https://doi.org/10.4236/ojps.2018.83016
95. Nathanaël T. Niambi, "China in Africa: Debtbook Diplomacy?", *Open Journal of Political Science*, 9, 2019, pp. 220-242. https://doi.org/10.4236/ojps.2019.91012
96. Philippe Hugon, « La Chine en Afrique, néocolonialisme ou opportunités pour le développement ? », *Revue Internationale et Stratégique*, n° 12, 2008, pp. 219-230.
97. Philippe Hugon, « La renaissance de la diplomatie Sud-Sud », dans *B. Badie, S. Tolotti (dir), L'état du monde*, La Découverte, 2008, pp. 41-44.
98. René Lemarchand, Laïdi, Zaki, « Les Contraintes d'une rivalité. Les superpuissances et l'Afrique (1960-1985) », *Cahiers d'études africaines,* Vol. 26, n° 103, Persée, 1986, pp. 510-13.
99. Raphael Kaplinsky, Dorothy Mc Cormick & Mike Morris, "The Impact of China on Sub-Saharan", *Brighton: IDS Working paper series,* No. 291, November, 2007, 39 p. http://asiandrivers.open.ac.uk/documents/China%20and%2

0SSA,%20DFID%20Agenda%20paper,v3%20Feb%2007.pdf
100. "Seconde déclaration conjointe de M. François Hollande et de M. Xi Jinping », *Ambassade de France à Pékin*, 2014. https://cn.ambafrance.org/Seconde-declaration-conjointe-de-M-Francois-Hollande-president-de-la-Republique-et-de-M-Xi-Jinping
101. Serge Mbenza, « Les relations Chine-Afrique : quel futur ? », *Dounia-CISRI*, L'Harmattan, 2010, pp. 142-150.
102. Thierry Pairault, « Les Chiffres de l'investissement direct chinois en Afrique », *Dounia-CISRI,* L'Harmattan, 2010, pp. 15-34.

103. Thierry Pairault, "Chinese Direct Investment in Africa. A State Strategy?", *Région et Développement*, L'Harmattan, 2014, 37-2013 (2), pp. 259-284.
104. Thierry Vircoulon, « La nouvelle question sino-africaine », *S.E.R. « Etudes »*, II Tome 407, 2007, pp. 451-462.
105. Valérie Paone, « L'influence de la Chine en Afrique, une alternative au post-colonialisme », *Centre Thucydide de l'université Panthéon-Assas* (Paris II, France), pp. 312-327.
106. Yiwei Wang, "Public Diplomacy and the Rise of Chinese Soft Power", in *The Annals of the American Academy of Political and Social Science*, March 2008, pp. 257-273.

D. Séminaires, interviews et conférences

107. Entretien avec Xavier Aurégan par Emmanuel Lincot, « L'avenir de l'Afrique s'écrit-il en Asie ? », *Asia Focus #37 IRIS,* juin 2017, 16 p.
108. Interview de Deborah Brautigam par Falila Gbadamassi, « Les Chinois sont dans une phase d'apprentissage en

Afrique », *Géopolis Afrique*, mai 2018. https://mobile.francetvinfo.fr/monde/afrique/economie-africaine/deborah-brautigam-les-chinois-sont-dans-une-phase-d-apprentissage-en-afrique_3055121.htm

109. Interview de Sylvain Blaize par Ivanhoé Govoroff et Inès Benghezala, « Le virus Ebola s'est retrouvé à 2500 kilomètres de sa zone habituelle de circulation », *Libération*, 2014. https://www.liberation.fr/terre/2014/04/04/le-virus-ebola-s-est-retrouve-a-2500-kilometres-de-sa-zone-habituelle-de-circulation_993194

110. Interview exclusive du président français Emmanuel Macron par *China.org.cn*, 2018. http://french.china.org.cn/china/txt/2018-01/08/content_50201117.htm

111. Interview de Xu Huajiang (许华江) par Zhao Yining (赵忆宁), « Cameroon Is the Largest Beneficiary of Cooperation to Develop a Third Party Market », *The Economic Observer of the 21st Century (21 世纪经济报)*, 2017, 16 p. Version chinoise de l'interview : http://epaper.21jingji.com/html/2017-03/28/content_58920.htm. Version française de l'interview avec les commentaires du Pr Thierry Pairault : https://www.pairault.fr/sinaf/doc/xhj.pdf

112. Interview de Wang Lijun (王 力钧) et Guo Yongxin (郭永新) par Zhao Yining (赵忆宁): « Discovering the Great Influence of a Private Law Firm in Congo », *The Economic Observer of the 21st Century (21 世纪经济报)*, 2017, 10 p. Version chinoise de l'interview : http://epaper.21jingji.com/html/2017-08/01/content_67569.htm. Version française de l'interview avec les commentaires du Pr Thierry Pairault : https://www.pairault.fr/sinaf/doc/weihai.pdf.

113. Jean-Pierre Cabestan, “France-China Cooperation in Africa: The Emergence and the Limits of a New Initiative”, New Haven, Paper presented at the *Yale China-Africa Conference on Africa-China relations*, March 16-17, 2016, 16 p.
114. Karel Vereycken, « Partenariat franco-chinois, en France et en pays tiers. La nécessaire modernisation du Port du Havre », *The International Institute Schiller*, conférence, 2017. https://schillerinstitute.com/fr/media/karel-vereycken-partenariat-franco-chinois-en-france-et-en-pays-tiers-la-necessaire-modernisation-du-port-du-havre/

E. Thèses en rapport avec le sujet

115. Anna Katharina Stahl, *Hic Sunt Dracones: Exploring the Uncharted Territory of EU-China-Africa Trilateral Relations*, PhD diss, Virje Universiteit Brussel, 2014, pp. 271-278.
116. Anaïs Ravet, *La relation entre l'État central et les collectivités locales en Chine. Regards croisés sur les représentations et les pratiques de la coopération décentralisée*, Master recherche deuxième année défendu à l'Institut d'Études Politiques de Paris, septembre 2006, 97 p.
117. Steven Dorman, *China's Evolving Foreign Policy in Africa: A New Direction for China's Non-Intervention Strategy?*, Thesis defended at the Naval Postgraduate School, Monterey, California, September 2014. 119 p.

F. Sites internet importants (France-Chine-Afrique)

www.mofcom.gov.cn
www.audit.gov.cn
www.sasac.gov.cn
www.fdi.gov.cn
www.chinadaily.org.cn
www.molss.gov.cn
www.stats.gov.cn
www.sdpc.gov.cn

www.china.org.cn
www.french.xinhuanet.com
www.most.gov.cn
www.oecd.org
www.un.org
www.banquemondiale.org
www.leventdelachine.com
www.dsavocats.com
www.coface.fr
www.rexecode.asso.fr
www.french.xinhuanet.com
http://www.lesdepechesdebrazzaville.fr/
https://www.cairn.info/
http://pairault.fr/sinaf/
http://www.mediapart.fr/journal/international/090608/l-afrique-au-centre-1-comment-la-chine-s-est-emparee-d-un-continent
http://www.aujourdhuilachine.com/actualites-chine-la-chinafrique-un-partenariat-gagnant-gagnant--10424.asp?1=1&IdBloc=2
http://french.focacsummit.org/focacsummit/
http://www.chinafrique.com/
http://www.africamaat.com/Video-La-strategie-de-la-Chine-en
http://cecmc.wordpress.com/2009/04/21/chine-collaboratif-chine-afrique/
http://www.pambazuka.org/fr/category/africa_china/
http://french.people.com.cn/31966/83911/index.html
http://www.cerium.ca/Afrique-Chine-Inde-Bresil
http://www.lesafriques.com/les-afriques-tv/video-la-relation-chine-afrique-en-2008.html?Itemid=324?article=
http://www.ifri.org/frontDispatcher/ifri/themes/publi_P_thm_chine_1032267263847
www.rewmi.com
http://oversea.cnki.net/kns55/Navi/CDMDCatalog.aspx?QueryID=15&CurRec=3&NaviID=34&xueke=1&xkCode=030207&xkName=International+Relations
www.ccip.fr
www.ccife.org
www.ebrd.com
https://www.lecanardenchaine.fr/
https://www.lesechos.fr/
http://www.huffingtonpost.fr/

Table des matières

Dédicace spéciale 7

Remerciements 9

Sommaire 11

Préface 13

1. Introduction 17

Des objectifs et des questions de recherche 30

Méthodologies 31

2. Compétition et coopération entre la France et la Chine en Afrique centrale 35

2.1 Compétition entre la France et la Chine en Afrique centrale 35

2.1.1 Aspects économiques 36
2.1.2 Aspects politiques 54
2.1.3 Aspects culturels 62

2.2 Coopération entre la France et la Chine en Afrique centrale 67

2.2.1 Aspects militaires 68
2.2.2 Aspects sanitaires 78
2.2.3 Aspects économiques 80
2.2.4 Aspects politiques 86

3. Faisabilité et challenges d'une transition totale en Afrique centrale 95

3.1 France et Chine sur la piste d'une coopération complète 95

3.1.1 Ressemblances et différences 96
3.1.2 Confrontation des phénomènes 102

3.2 France et Chine sur la piste d'une coopération triangulaire 108

3.2.1 Faisabilité coopérative 109
3.2.2 Obstacles coopératifs 113

4. Choix stratégiques pour l'Afrique centrale............. 119

4.1 L'Afrique centrale au cœur d'une relation triangulaire 119

4.1.1 Abstention Africaine.. 120

4.1.2 Manque d'agendas politiques 122

4.2 Recommandations pour l'Afrique centrale 124

5. Conclusion 131

Liste des images 137

Liste des tableaux 137

Abréviations et acronymes.. 139

Bibliographie.. 143

Structures éditoriales du groupe L'Harmattan

L'Harmattan Italie
Via degli Artisti, 15
10124 Torino
harmattan.italia@gmail.com

L'Harmattan Hongrie
Kossuth l. u. 14-16.
1053 Budapest
harmattan@harmattan.hu

L'Harmattan Sénégal
10 VDN en face Mermoz
BP 45034 Dakar-Fann
senharmattan@gmail.com

L'Harmattan Cameroun
TSINGA/FECAFOOT
BP 11486 Yaoundé
inkoukam@gmail.com

L'Harmattan Burkina Faso
Achille Somé – tengnule@hotmail.fr

L'Harmattan Guinée
Almamya, rue KA 028 OKB Agency
BP 3470 Conakry
harmattanguinee@yahoo.fr

L'Harmattan RDC
185, avenue Nyangwe
Commune de Lingwala – Kinshasa
matangilamusadila@yahoo.fr

L'Harmattan Congo
67, boulevard Denis-Sassou-N'Guesso
BP 2874 Brazzaville
harmattan.congo@yahoo.fr

L'Harmattan Mali
Sirakoro-Meguetana V31
Bamako
syllaka@yahoo.fr

L'Harmattan Togo
Djidjole – Lomé
Maison Amela
face EPP BATOME
ddamela@aol.com

L'Harmattan Côte d'Ivoire
Résidence Karl – Cité des Arts
Abidjan-Cocody
03 BP 1588 Abidjan
espace_harmattan.ci@hotmail.fr

L'Harmattan Algérie
22, rue Moulay-Mohamed
31000 Oran
info2@harmattan-algerie.com

L'Harmattan Maroc
5, rue Ferrane-Kouicha, Talaâ-Elkbira
Chrableyine, Fès-Médine
30000 Fès
harmattan.maroc@gmail.com

Nos librairies en France

Librairie internationale
16, rue des Écoles – 75005 Paris
librairie.internationale@harmattan.fr
01 40 46 79 11
www.librairieharmattan.com

Librairie l'Espace Harmattan
21 bis, rue des Écoles – 75005 paris
librairie.espace@harmattan.fr
01 43 29 49 42

Lib. sciences humaines & histoire
21, rue des Écoles – 75005 paris
librairie.sh@harmattan.fr
01 46 34 13 71
www.librairieharmattansh.com

Lib. Méditerranée & Moyen-Orient
7, rue des Carmes – 75005 Paris
librairie.mediterranee@harmattan.fr
01 43 29 71 15

Librairie Le Lucernaire
53, rue Notre-Dame-des-Champs – 75006 Paris
librairie@lucernaire.fr
01 42 22 67 13

www.ingramcontent.com/pod-product-compliance
Lightning Source LLC
LaVergne TN
LVHW010947051026
849532LV00003B/1163